Constanze Bohg
mit Lukas Lessing

Viereinhalb Wochen

Constanze Bohg
mit Lukas Lessing

Viereinhalb Wochen

Die Geschichte von unserem kleinen Julius

Pattloch

Besuchen Sie uns im Internet:
www.pattloch.de

FSC
www.fsc.org
MIX
Papier aus verantwortungsvollen Quellen
FSC® C019821

Quellennachweis:
Seite 183, Psalm 139,1–18: © 2010, Karl-Heinz Vanheiden; www.kh-vanheiden.de; alle Rechte vorbehalten
Seite 220 f., aus: Ursula Goldmann-Posch: Wenn Mütter trauern; © 2001 Verlagsgruppe Droemer Knaur, München
Seite 235, Dietrich Bonhoeffer, aus: Dietrich Bonhoeffer: Widerstand und Ergebung; ©1998, Gütersloher Verlagshaus, Gütersloh, in der Verlagsgruppe Random House GmbH
Umschlaggestaltung: ZERO Werbeagentur, München
Fotos: Tibor Bohg
Satz: Adobe InDesign im Verlag
Druck und Bindung: C. H. Beck, Nördlingen
Printed in Germany
ISBN 978-3-629-13023-5

2 4 5 3 1

Für Julius Felix
Du fehlst uns so sehr,
kleiner Klopfer

Unsere Erdbeere

Am Anfang meiner Schwangerschaft nannten wir unser ungeborenes Kind noch Erdbeere, weil mir in den ersten drei Monaten fast immer so übel war, dass ich nichts anderes vertrug als Obst. Am liebsten aß ich Erdbeeren, und zum Glück war gerade Erdbeerzeit, Mitte Mai, ein richtiger Wonnemonat, ein Tag schöner als der andere.

Die allerersten Erdbeeren aus dem Berliner Umland waren schon auf dem Markt. Ich aber lag im Dunkeln. Es war der 16. Mai 2011, und an jenem Tag sollte das Licht für lange Zeit aus meinem Leben und aus dem Leben meines Mannes Tibor verschwinden.

»Das hier sind die Oberschenkelknochen, die vermessen wir jetzt.«

Die Ärztin fuhr mit ihrer Sonde über meinen mit Kontaktgel bestrichenen Unterbauch. Das fühlte sich noch kalt an, weil sie eben erst mit der Untersuchung begonnen hatte, doch mit der Zeit war es bald so warm wie meine Bauchdecke.

»Magen … unauffällig.«

Ich lag auf einer bequemen Liege, vor mir an der Wand hing ein riesiger Flachbildschirm, auf dem ich unsere Erdbeere genau erkennen konnte, weit mehr als überlebensgroß. Neben mir saß mein Mann Tibor. Er hielt meine Hand und starrte wie ich gebannt auf den Bildschirm. Bei meiner Frauenärztin waren wir schon zweimal zur Ultraschalluntersuchung gewesen, aber einen so faszinierenden Blick hatten wir dabei noch nicht auf unser heißersehntes Kind werfen können. Wir waren in einem »Babykino«, wie die hochspezialisierten Praxen für Pränataldiagnostik mit ihren Hightech-3-D-Ultraschallgeräten unter werdenden Eltern gern genannt werden.

»Blase ... gefüllt, sehr gut.«

Dr. Anke Sarut López sprach mit angenehmer, wenn auch routinemäßig nüchterner Stimme. Das geht vermutlich nicht anders, verbringt die Ärztin doch den ganzen Tag an ihrem Gerät, um auf dem kleineren Monitor im Halbstundenrhythmus Beinchen, Ärmchen, Bäuche und Köpfe von immer neuen Ungeborenen zu untersuchen und die Ergebnisse anzusagen. Neben ihr sitzt eine Assistentin vor einem weiteren Bildschirm und tippt in den Rechner, was die Ärztin feststellt.

»Nieren ... unauffällig.«

Ich war glücklich, weil ich meine Erdbeere so genau sehen konnte wie bei keinem Ultraschall zuvor. Und ich hatte Angst. Ich hatte Angst, dass etwas nicht Ordnung sein könnte mit unserem Kind. Ich hatte ein unbestimmbares Gefühl, ein Flattern strömte durch meinen Körper. Vielleicht war meine geliebte Erdbeere während der Untersuchung auch deshalb so ruhelos. Ich hatte vorher noch an meinen Bruder denken müssen, an Justus. Er ist mit dem Down-Syndrom zur Welt gekommen und heute ein wunderbarer junger Mann, den ich über alles liebe. Hatte mich meine Frauenärztin deswegen an die Pränataldiagnostik überwiesen? Oder hatte sie einen anderen Verdacht gehabt?

»Der Magen ... ganz schön aktiv, das Kleine.«

Tibor und ich starrten angestrengt auf den Bildschirm, wo zwar eindeutig ein Kind zu sehen, für einen Laien aber kein Unterschied zwischen einem richtig oder falsch wachsenden Embryo zu erkennen war in diesem Labyrinth auf- und niedergehender, schmelzender und sich ununterbrochen blasenförmig verändernder Linien und Formen.

»Das Herz ...«

Die Ärztin schob ihre Sonde in rhythmischen Bewegungen über meinen Bauch, drückte mit ihr hierhin, dorthin. Immerzu war ihre Hand in Bewegung, genauso wie das Geschehen auf dem Monitor. Ruhig beobachtete sie den Bildschirm vor sich, klickte hin und wieder auf ihrer Tastatur, zoomte das Bild näher heran oder weiter weg und verschob den Ausschnitt so, wie sie ihn brauchte. Meine Ungeduld wuchs. Gliedmaßen, innere Organe … alles schön und gut, doch ich hatte genug über Ultraschalldiagnostik gelesen und gehört, um zu wissen, dass der kritische Bereich bei dieser Untersuchung im Nacken liegt. Dort können Ärzte zwischen der elften und der vierzehnten Schwangerschaftswoche anhand einer Flüssigkeitsansammlung unter der Nackenhaut sehen, ob die Wahrscheinlichkeit für eine Chromosomenstörung, wie etwa einer Trisomie, oder für einen Herzfehler erhöht ist. Diese Untersuchung heißt auch »Nackentransparenzmessung«, und deswegen waren wir in der Praxis für Pränataldiagnostik in der Friedrichstraße. Dieser Tag war der erste meiner vierzehnten Schwangerschaftswoche.

»Herzfunktion normal.«

Die Ärztin schob ihre Sonde weiter. Bald, dachte ich, würde es so weit sein. Dann herrschte Stille. Ich hörte nur das Summen der Computer, ich hörte das Gleiten der Sonde auf meinem Bauch. Ich hörte das Atmen der Ärztin. Ich hörte meinen Atem, ganz laut meinen Atem. Ich spürte, wie sich zuerst mein Bauch verkrampfte, dann meine Beine, mein Herz, alles. Ich spürte den zunehmenden Druck von Tibors Hand in meiner, ich spürte seine Versteinerung. Mein Atem stockte. Stille. Ich suchte das Gesicht der Ärztin und sah, wie es sich, beleuchtet vom hellen Schein ihres Monitors, verfinsterte. Wortlos fuhr sie mit ihrer Sonde auf meinem Bauch auf und ab.

»Mit Ihrem Baby ist leider nicht alles in Ordnung«, sagte sie mit belegter Stimme. Ihre Worte dröhnten geradezu nach einer Ewigkeit lähmender Stille in den Raum hinein, »die Kontur des Nackens ist nicht normal.«

Wieder herrschte Stille. Ich suchte das Gesicht meines Mannes und sah nur die Tränen, die über seine Wangen liefen. Ich fühlte nichts. Ich war versteinert. In mir war mit einem Mal alles dunkel. Es war das Wissen, dass unser Kind krank war. Das war instinktives Wissen, nicht verstandesmäßiges Erkennen. In jenem Moment erkannte ich nichts. Ich sah mich nur selbst auf der Liege, wie in einem Film.

»Entschuldigen Sie mich bitte, ich muss Herrn Professor Chaoui rufen.«

Dann ließ sie uns zurück. Tibor, mich und eine unsichere Assistentin. Ich sah meinen Mann an, er sah mich an. Es gab nichts zu sagen, nichts zu tun, als zu warten. Es dauerte eine gefühlte Ewigkeit, bis die Ärztin zurück war. Hinter ihr kam der Chef der Praxis, einer der führenden Pränataldiagnostiker Deutschlands. Professor Dr. Rabih Chaoui trug ein sorgenvolles Gesicht und machte keine langen Worte, sondern setzte sich an den Platz seiner Kollegin, nahm die Sonde an sich und vollführte damit die gleichen Bewegungen über meinen Bauch, immer wieder. Die Dunkelheit des Raumes erdrückte mich, ich rang nach Luft. Der sonnige Maitag hinter den Jalousien war unendlich weit weg. »Meine Erdbeere«, schluchzte Tibor, jetzt dicht neben mir. Er weinte und weinte.

»Mit ihrem Baby ist etwas überhaupt nicht in Ordnung«, sagte der Professor und reichte mir ein paar große Zellstofftücher, »könnten Sie sich bitte das Gel abwischen und sich wieder anziehen?«

Mechanisch tat ich, was er wollte. Der Arzt bat uns beide vor seinen Monitor.

»Ihr Kind hat eine schwere Hirnfehlbildung. Sein Kopf

ist hinten offen, sein Kleinhirn wuchert dort hinaus, eine sogenannte occipitale Encephalocele.«

Er erzählte noch viel mehr, über offene Rücken und offene Nacken, über nicht funktionierende Kreisläufe und Fehlfunktionen des Gehirns, über geringe Überlebenschancen und irreparable Schädigungen. Sein Monolog perlte an mir ab wie Wasser an einer Glasscheibe. Ich war immer noch gelähmt, bis ich mich etwas sagen hörte.

»Geht es dem Baby gut, und leidet es auch nicht?«

Professor Chaoui hob erstaunt den Blick. Mit dieser Frage hatte er offenbar nicht gerechnet. »Das Baby leidet nicht, das kann ich Ihnen versichern. Das Baby ist in der Fruchtblase gut aufgehoben.« Daraufhin setzte er seinen Monolog fort. Nüchtern, aber, wie mir vorkam, voller Mitgefühl. Sein Urteil war mehr als deutlich: »Familie Bohg, mit diesem Befund kann ich Ihnen keine Hoffnung machen. Es sieht sehr schlecht aus. Das Baby besitzt kaum eine Überlebenschance. Wenn es überhaupt lebend durch den Geburtskanal kommt, hat es wenig Chancen, weiter zu leben.«

Ich war versteinert und seltsam nüchtern zugleich. Ich konnte nichts fühlen, nur Fragen stellen, an die ich mich nicht mehr erinnern kann. Ich hatte keine geordneten Gedanken. Ich hielt Tibors Hand und er hielt meine. Mechanisch streichelte ich meinen Bauch. Tibor saß regungslos neben mir. Ich fühlte mich wie in freiem Fall. Kommt die Hand, die dich auffängt, dachte ich, oder schlägst du auf den Boden und zerspringst dort in tausend Teile?

»Aus meiner Sicht spricht alles für einen Schwangerschaftsabbruch. Andere Frauen in Ihrer Situation entscheiden sich meistens dafür …«

Dieser Satz des Professors riss mich für einen Moment aus meiner Starre. Eine Abtreibung? Mein Kind? Jetzt schon sollte alles vorbei sein mit dem Leben unseres heißersehnten Kindes, jetzt schon, bevor es überhaupt richtig begonnen hatte? Von einer Sekunde auf die andere stieg Trotz in mir auf wie die Lava in einem Vulkan. »Das entscheiden wir, wie es hier weitergeht«, blaffte ich den Arzt an. Der ließ sich keine Irritation anmerken, auch keinen Ärger. Er schien nur noch aufmerksamer zu sein als zuvor, noch einfühlsamer. »Sie müssen erst mal zur Ruhe kommen und abwägen«, sagt er, »lassen Sie uns weitersprechen, wenn Sie so weit sind. Wir werden Ihnen einen zweiten Termin geben, gleich morgen, hier in der Praxis, zur humangenetischen Beratung. Morgen ist Dienstag, da kommt immer eine … dafür sehr geeignete Psychologin zu uns … für solche Fälle. Wenn Sie wollen, mache ich bei ihr auch einen Termin für Sie.« Das war mein erster Lichtblick seit Stunden, wie mir vorkam, obwohl unser Gespräch nur ein paar Minuten gedauert haben konnte. Psychologische Beratung! Tibor und ich mussten genickt oder ja gesagt haben, denn die Assistentin trug unsere Namen im Computer ein und händigte uns die Termine aus.

Arm in Arm mit meinem Mann taumelte ich aus dem Behandlungsraum. Verheult und zitternd trotteten wir der Assistentin hinterher, vorbei an den aufblickenden Schwangeren und werdenden Vätern, die im Wartezimmer saßen. Wie die Zombies wankten wir durch die Reihen der Glücklichen, dachte ich, Wesen von einem anderen Stern. Ob die mir ansehen, dass ich ein sterbendes Baby in meinem Bauch trage? Mechanisch folgten wir ihr in einen anderen Raum, wo nichts war als eine Liege und ein bequemer Sessel. »Hier können Sie sich erst mal zurückziehen und zu sich kommen«, hörte ich die Frau sagen. Ich sah nur das Schild »Bitte nicht stören« an der Tür, die rote Liege, auf die ich mich fallen ließ, Tibor neben mir. Der Schmerz brach aus mir heraus, sobald wir allein waren. Tränen flossen hemmungslos, beide schluchzten wir und weinten bitterlich.

Eine Stunde wie eine ganze Nacht lang. In meiner Verzweiflung fing ich zu beten an. »Hol es oder heil es«, beschwor ich Gott, um im nächsten Moment »das arme Baby, das arme Kleine« zu wimmern, immer wieder. »Das wird nie Fahrrad fahren lernen, das wird nie Ball spielen …« Die Welt war ein Raum mit einer Liege und einem Sessel und einem Bild an der Wand. Das war alles. Wir waren am Ende der Welt angekommen.

Aufbruch

Der Neujahrsmorgen sollte ein besonderer Tag werden, und das war kein Zufall. Ich bin eine leidenschaftliche Betriebswirtschaftlerin; Zahlen, Ordnungen und Strukturen sind meine Welt, und so wollte ich, dass wir unseren neuen Lebensabschnitt auch an einem besonderen Tag beginnen, am 1. 1. 2011. Ein schönes Datum, wie ich fand.

Zusammen mit meinem Mann saß ich hoch über dem Atlantik in der Maschine von Washington, D. C., nach Frankfurt am Main. Hinter uns lagen zweieinhalb Jahre USA. Reiche, aber auch hektische Jahre voller Arbeit, Stress, Erfahrungen und nochmals Arbeit: Ich hatte für einen deutschen Automobilzulieferer den Einkauf der US-amerikanischen Niederlassung geleitet, Tag und Nacht am Rechner, in Meetings, in Flugzeugen kreuz und quer über den Kontinent unterwegs, erfolgreich bis zum kompletten Zusammenbruch, den ich in drei Monaten ambulanter Therapie auskurieren konnte. All das war Vergangenheit: Den Job hatte ich gekündigt, das Haus war ordnungsgemäß an die Vermieter zurückgegeben, die beiden Autos verkauft, die ans Herz gewachsenen Freunde verabschiedet. Unsere Zukunft sollte in Berlin stattfinden: Tibor wollte nicht zurück in die schwäbische Kleinstadt, aus der er stammte, ich sah für uns keine Möglichkeiten in der Abgeschiedenheit der Oberlausitz, in der meine Familie lebte. Das oberfränkische Städtchen Hof, wo wir vor unserer Zeit in den USA gelebt hatten, war ebenfalls keine Option für uns. Deutschland sollte es aber wieder sein, und zwar dort, wo Aufbruch stattfand, Freiheit, Neubeginn. Bei null wollten wir in der Hauptstadt anfangen, mit nur wenigen

Kontakten, ohne Wohnung, ohne Job, jeder von uns mit nichts als mit zwei Koffern ausgestattet. Diese Leichtigkeit und Unabhängigkeit empfanden wir als aufregend. Wir fühlten uns im »Anything goes«-Modus, den wir in den USA so schätzen und lieben gelernt hatten.

Unser Deal war der: Vor zweieinhalb Jahren waren wir wegen meines Jobs in die USA gegangen, und Tibor war mitgekommen. Nun würde ich ihm folgen, auch wenn er nicht in Berlin, sondern anderswo einen guten Job finden sollte. Zuerst wollte er es aber in der Hauptstadt versuchen. Ich wollte mich vor allem erst einmal umsehen, meine beruflichen Möglichkeiten austesten und über einen neuen Anfang nachdenken. Ich war mir nur nicht sicher, ob ich trotz einiger Angebote wieder in die Mühlen eines Konzerns zurück wollte, möglicherweise auf dem Weg in mein nächstes Burnout. Ich hatte keine Lust, wieder in totaler Fremdbestimmung zu landen. Wir hatten genug Geld gespart, um uns entspannt und ohne Druck nach neuen Jobs umschauen zu können – und wir hatten ein ganz anderes Projekt im Kopf: Wir wollten eine Familie mit vielen Kindern gründen!

Weil ich eine durch und durch rationale und, wie ich glaube, auch entschlossene Frau bin, ging ich das Projekt Familie konsequent an: Ich suchte mir in der Nähe der Wohngemeinschaft in Berlin-Prenzlauer Berg, in der wir provisorisch untergekommen waren, eine Gynäkologin, um mich untersuchen zu lassen. Die Ärztin fand nichts Nachteiliges, Riskantes oder gegen eine Schwangerschaft Sprechendes. Sie verschrieb mir Folsäure, eine Art synthetisches Vitamin B, das Neuralrohrdefekte des Embryos verhindern helfen sollte – immerhin trete der gefürchtete »offene Rücken«, die *Spina bifida,* bei rund jedem tausendsten Neugeborenen auf, meinte die fürsorgliche Ärztin. Als ich im Februar unter einer heftigen Nasennebenhöhlenentzündung litt und mir der Hals-Nasen-Ohren-Arzt ein Antibiotikum verschrieb, bestand ich bereits darauf, ein Präparat einzunehmen, das auch für Schwangere unbedenklich ist. Als im März meine Periode fünf Tage überfällig war, stand ich schon im Drogeriemarkt, um einen Test zu kaufen. Als ich zu Hause die beiden blauen Streifen auf dem Teststäbchen sah, konnte ich mein Glück nicht fassen. Ich zersprang fast vor Aufregung, versteckte den Test aber sofort, weil Tibor gleich zu einem wichtigen Bewerbungsgespräch gehen wollte – er war auf der Suche nach einem Job als Webdesigner. Besser, ich überrasche ihn abends, dachte ich, sonst kann er sich im Interview nicht konzentrieren. Doch schon wenige Minuten später wurde mir klar, dass ich das Schweigen nicht bis zum Abend aushalten würde.

»Schatz, komm, setz dich mit dem Kaffee hier zu mir aufs Bett, ich muss dir etwas sagen.«

Ich hielt ihm einfach den Teststreifen vors Gesicht. In Tibor arbeitete es sichtlich, bis er freudig aufschrie: »Du bist schwanger!«

Meinem Mann gelang es gerade noch so, seinen Kaffee unverschüttet wegzustellen, bevor wir uns auf dem Bett wälzten, in den Armen lagen, heulten, tobten vor Glück. Am Abend dieses Tages erzählte er mir, dass er sein bisher bestes Bewerbungsgespräch hatte. Immer nur war ihm der Satz »Ich werde Papa!« durch den Kopf gegangen, »Ich werde Papa!«. Alles erschien ihm perfekt: »Die tolle Zeit in den USA. Nun das Leben im faszinierenden Berlin, jede Menge interessante Jobangebote, und zu allem Glück jetzt die Schwangerschaft!« Glück konnte sich unmöglich größer anfühlen als unseres in diesen Tagen.

In der Woche darauf fuhren wir zu meinen Eltern in die Oberlausitz, zum sechzigsten Geburtstag meiner Mutter. Das war lange geplant, absagen war ausgeschlossen, doch für uns sollte das an und für sich freudige Ereignis zum Spießrutenlauf werden: Ich wollte mir nichts anmerken lassen von der Schwangerschaft, was nicht so einfach war, weil mir meine Mutter immer schon alles an der Nasenspitze ablesen konnte. Wie Mütter eben sind. Aber diesmal sollte ihr das nicht gelingen! Nicht die Schwangerschaft, nicht das Allerheiligste! Niemand sollte davon erfahren, nicht vor der zwölften Woche, da vorher doch jederzeit ein spontaner Abgang des Babys möglich wäre, wie ich gelesen und auch gehört hatte. So eine Enttäuschung wollten wir unter allen Umständen vermeiden.

Also riss ich mich zusammen, so gut ich konnte. Gott sei Dank ist auf dem Reiterhof meiner Eltern immer so viel Trubel, Gott sei Dank waren über die Feiertage anlässlich des Jubiläums so viele Besucher da, dass es kaum auffiel, wie wenig ich essen konnte und was für ein Gesicht ich oft machte – denn von dem Tag an, an dem ich den Test gemacht hatte, war mir nur mehr übel gewesen, und mir wurde umso übler, je mehr ich mich bewegte oder unternahm. Zurück in Berlin, wollte ich wieder im Mauerpark joggen gehen, doch schon während des Weges dorthin musste ich umkehren, weil ich nur mit Mühe vermeiden konnte, mich in einen der Mülleimer zu übergeben. Zu Hause in der WG waren unsere chilenischen Mitbewohner wie jeden anderen Tag auch fleißig am Kochen und Kaffeetrinken – und wieder wurde mir speiübel, sobald ich nur in die Nähe der Küche kam. Meine Unterleibskrämpfe bekam ich meist liegend in den Griff, wozu ich glücklicherweise viel Gelegenheit hatte, da ich ohnehin dauernd müde war – doch ich wollte keine Tabletten gegen die Übelkeit einnehmen, wegen des Babys, und ich beschwerte mich auch nie über meinen Zustand. Schließlich war es doch genau das, was ich mir so innig gewünscht hatte: endlich schwanger sein!

Erschwerend zum Verheimlichen des Ganzen kam hinzu, dass sich mein Bruder Sebastian in Berlin auf eine Diplomandenstelle bewarb und fürs Erste auf unserer Gästematratze in unserem kleinen Wohn- und Arbeitszimmer übernachtete. Das bedeutete für mich noch mehr Verstellen, noch mehr Rückzug ins Schlafzimmer! Als dann auch meine Schwester Sybille, die Ärztin ist, für ein paar Tage in Berlin zu einer Tagung war, musste ich mehrfach daran denken, meine Tarnung aufzugeben – doch ich bin wohl auch eine dickköpfige Frau, die durchzieht, was sie sich einmal vorgenommen hat. Also biss ich die Zähne zusammen und lächelte, was das Zeug hielt, sodass auch sie nichts mitbekam – sie war nur etwas verwundert über meine Launen.

So verlebten wir drei Geschwister siedend heiße Frühlingstage im brodelnden Berlin, ich noch dazu mit stets brodelndem Magen und wachsender Oberweite, die Sebastian in seiner Unwissenheit einmal sogar scherzhaft mit »Schöne Aussicht!« kommentierte – na gut, Brüder dürfen das, aber im Nachhinein wundere ich mich doch, dass keiner Verdacht geschöpft hatte! Ich blieb hart, sogar als meine Freundin Susel aus der Oberlausitz anrief, um mir von ihrem Traum zu erzählen, in dem sie mich im achten Monat schwanger gesehen hatte. Im Supermarkt musste ich einmal ein halbes Glas Gurken aufessen, bevor ich überhaupt zur Kasse durchdrang, und meine Mahlzeiten bestanden fast nur mehr aus Wassermelonen und Erdbeeren, immer mehr Erdbeeren, was Tibor dazu brachte, unser Baby »Erdbeere« zu taufen. Manchmal musste er dreimal täglich zu Kaiser's gehen, um Nachschub zu holen, weil ich solchen Heißhunger auf die süßen Früchte hatte. Wie oft lag ich einfach nur völlig erschöpft im Bett, meinen Laptop auf den Knien, und suchte quer durch das Internet nach einem Rezept gegen diese Übelkeit – doch ich fand nichts als meine eigene Erkenntnis: *Kind, du bist schwanger!*

Außer Tibor vertraute ich mich niemand anderem an als Gott und meinem Tagebuch:

Er hat das Wunder der Top-Speed-Befruchtung geschenkt. Ich tue alles, was ich kann; alles andere ist die Sache des Schöpfers. Daran halte ich jeden Tag fest.

Manchmal telefonierte ich mit unseren Freunden in den USA, besonders mit Diana, die dort zu so etwas wie meiner Wahlmutter geworden war: eine sehr nahe, liebe Freundin, die ich in der Kirche kennenlernte, die wir besuchten. Sie wurde mir zu einer Mentorin, an die ich mich seitdem immer wenden kann, heute noch, wenn ich nicht mehr weiterweiß. Wenn etwas zu brenzlig wird für mich.

Zu Beginn meiner Schwangerschaft überkam es mich an einem dieser Tage, an dem die Hormone Achterbahn in mir fuhren, und ich dachte, dass ich in einer »Sackgasse« gelandet sei – ohne eigene Wohnung, ohne Job für Tibor, durch meine Hormonschübe in ständiger Gereiztheit, ohne Plan für das Ende der Übelkeit. Diana erkannte sofort, dass richtige Probleme anders aussehen – wie recht sie behalten sollte! »Alles kein Problem, alles gut« – so half sie mir so einfach wie liebevoll aus dem Eck, in das ich mich selbst hineinmanövriert hatte. Tatsächlich verschwand die Übelkeit nach drei Monaten von einem Tag auf den anderen genauso plötzlich, wie sie gekommen war.

Am 11. Mai wollten Tibor und ich unseren fünften Hochzeitstag feiern, gleichzeitig den zehnten Jahrestag unseres Kennenlernens. Wir wollten kein Fest, nicht groß feiern, sondern wir wollten einfach zu zweit sein, im Glück unserer nun vollends erfüllten Liebe. Tags zuvor ging jeder von uns getrennt vom anderen in die Papeterie-Abteilung eines Kaufhauses, um eine Glückwunschkarte zum Hochzeitstag auszusuchen. Wie groß war das Erstaunen, wie tief die Innigkeit, als wir einander am nächsten Tag die Karten überreichten und feststellten, dass jeder von uns aus den Dutzenden verschiedenen Motiven exakt dasselbe gewählt hatte – ein Bild von einem Pärchen, Händchen haltend, von hinten fotografiert.

»Liebster Tibor, wir haben hart aneinander gearbeitet, und es hat sich so gelohnt. Mit dir wird es nie langweilig. Ich danke Gott für unsere Ehe.« Das hatte ich auf meine Karte geschrieben.

»Meine geliebte Ehefrau – meine Liebe zu Dir ist kontinuierlich gewachsen, mit dir wird es nie langweilig, ich bin Gott so dankbar für unsere Ehe.« Das stand auf der Karte Tibors – so ähnliche Aussagen, ohne dass der eine gewusst hatte, was der andere schreiben wird.

Wow, dachte ich, kann es so viel Übereinstimmung überhaupt geben zwischen zwei Menschen?

An unserem Hochzeitstag hatten wir am Morgen einen Termin bei der Gynäkologin, was für uns beide das schönste aller denkbaren Geschenke war – das Herz unseres Babys schlagen zu sehen! Ich platzte fast vor Stolz, als wir in ihrer Praxis zusammen aufgerufen wurden.

»Familie Bohg!«

Endlich schwanger, endlich Familie! Nie werde ich diesen Stolz vergessen, dieses Gefühl, etwas Eigenes begonnen zu haben, einen neuen, eigenen kleinen Kreis gezogen zu haben in dieser unübersichtlichen Welt. Mir kam dieser Satz so liebevoll gesagt vor, so wohlklingend wie nichts anderes auf Erden.

»Familie Bohg bitte!«

Fast hätten wir vergessen, dass wir nicht nur diesem Satz lauschen, sondern auch aufstehen mussten und in das Behandlungszimmer gehen. Mein Mann begleitete mich zu jedem Termin, schließlich hatten wir den Luxus, Zeit zu haben – Tibor zwischen seinen Vorstellungsgesprächen, ich zwischen der Organisationsarbeit um Wohnungssuche und Ankunft in Deutschland. Viel Zeit füreinander, von der wir in den letzten Jahren definitiv zu wenig gehabt hatten, in all dem Stress mit unseren Jobs.

Meine Gynäkologin war nach der Routine-Untersuchung rundum zufrieden mit mir. Sechs Zentimeter groß war unsere Erdbeere nach der Ultraschall-Diagnose, von der sie uns ein wunderschönes Bild mitgab. Schon beim ersten Gespräch mit der Ärztin hatten wir lachend festgestellt, dass der 11. Mai nicht nur unser Hochzeitstag war, sondern auch der der Gynäkologin – und dass ihre Tochter Constanze hieß. Nun überraschten wir die Ärztin mit Pralinen und einem Blumenstrauß. Die reagierte prompt – und zauberte unverzüglich eine Glückwunschkarte aus ihrem Schreibtisch hervor, die sie vor unseren Augen mit einer Widmung versah und uns freudestrahlend überreichte. Schon wieder ein herrliches Zusammenspiel, wieder ein goldener Moment – in diesen Tagen schien es mir, als würden sich die bis jetzt bunt gemischten Puzzlestücke meines Lebens zu einem leuchtenden Bild zusammenfügen. Als könnten wir beide die Welt aus den Angeln heben – wir beide, die wir schon zu dritt waren.

Schon beim vorherigen Termin in der gynäkologischen Praxis hatte mir die Ärztin einen Überweisungsschein für die Pränataldiagnostik geschrieben. Daran musste ich mitten in meinem Glücksrausch denken. War das wegen meines Bruders und seines Down-Syndroms?

»Das ist nur Routine«, sagte sie mir, »ich schicke alle meine schwangeren Patientinnen dorthin.«

Ich atmete auf, so tief ich konnte. Alles ist gut, dachte ich, alles wird gut, natürlich. Keine Panik. »Alle Werte und Labortests sind tiptop. Danke, lieber Himmlischer Vater«, schrieb ich in mein rosarot geblümtes »Mami-Album«, in dem ich Tagebuch über meine Schwangerschaft führen wollte. Nur der kleine dunkle Fleck in meinem Hinterkopf ließ sich nicht wegwischen: *Pränataldiagnostik.* Wenn da was herauskommt. Ein kleiner dunkler Fleck, den ich immer wieder wegzuschieben versuchte. Ich bin gesund, dachte ich, ich ernähre mich gesund, ich rauche nicht, ich trinke nicht, ich nehme keine Tabletten. Was soll mir passieren? Was meinem Kind? Gedanken, für die keine Rubrik vorgesehen war in den bunten Vordruckseiten meines rosaroten Büchleins.

Wie im Rausch verließen wir die Praxis, mit dem Foto unserer Erdbeere in der Tasche. Wir gingen nicht nach Hause, sondern in den nächsten Copy-Shop, um das Bild mehrfach zu kopieren. Dann setzten wir uns in ein Café an der Schönhauser Allee, mitten in den Trubel der vielen jungen Menschen und Touristen und Müßiggänger, um unter der warmen Frühlingssonne zu brunchen, ich zum allerersten Mal ganz ohne Übelkeit! Zu dem Foto schrieben wir die Briefe, auf die wir uns schon so lange gefreut hatten. Zuerst an die Familien:

Lieber Opa / Liebe Oma / Liebe Tante Sybille / Lieber Onkel Lars … Ich bin jetzt sechs cm groß. Ich heiße Erdbeere. Ich habe meiner Mama die ersten drei Monate zugesetzt, aber jetzt geht es ihr schon besser. Ich werde voraussichtlich am 18.11. das Licht der Welt erblicken. Ich freue mich schon, euch kennenzulernen …

Natürlich bereiteten wir auch eine englische Version für unsere amerikanischen Freunde vor:

Dear friends,
it is official! Tibor and I will be three under the tree this Christmas. We're in week thirteen, the beautiful

baby is growing and everything is well. I've had a rough first three months, but for some days now it's been getting better slowly. Tibor is a loving, caring husband and does everything he can to make me feel better …
We hope you're all doing well or better, we love you and we continue to pray for you

Den deutschen und amerikanischen Freunden sandten wir die freudige Mitteilung per E-Mail, doch für die Familien erschien uns die E-Mail als nicht persönlich genug, und unsere Eltern gehören nicht unbedingt zur Computer-Generation. Tibors Großvater, der auch in Berlin lebt, und Tibors Vater, der damals auf Besuch in der Stadt war, informierten wir sogar persönlich: Dem Opa und seiner Lebensgefährtin Heidi sowie meinem Schwiegervater überreichten wir unseren Brief auf der Terrasse seines Einfamilienhauses bei Kaffee und Kuchen. Tibors Vater las laut vor:

»Lieber Opa …«

Er stutzte und reichte den Brief an seinen Vater weiter.

»Der ist für dich …«

Er hatte nicht mitbekommen, dass er selbst es war, der hier als »Opa« angesprochen wurde, doch Heidi, die sich über dessen Schulter beugte und mitlas, begriff sofort. Intuitiv, wie Frauen eben sind, hatte sie zuerst auf das Bild gesehen und es als Ultraschallfoto erkannt. Mit einem Juchzen kam sie zu mir und umarmte mich, so fest sie konnte. Erst da begriffen die beiden Männer, was los war. Nun lachten auch Tibors Vater und Großvater. Abends beim Essen in einem chinesischen Restaurant sprach Opa besorgt über meine Eisenwerte, weil ich bis zu unserem letzten Besuch Vegetarierin gewesen war. Er wusste noch nicht, dass ich dank unserer Erdbeere inzwischen ab und an auch wieder meinen neu erwachten Heißhunger auf Fleisch stillte und dass meine Eisenwerte sehr gut waren.

Der Opa in spe wollte sogar meinen Bauch streicheln.

»Armin, ich habe noch keinen Bauch«, musste ich ihn lächelnd bremsen, »dafür ist es viel zu früh …«

Es war, alles in allem, ein wunderbarer fünfter Hochzeitstag. Ein Tag der Freude.

So sollte es auch die nächsten Tage weitergehen: Ein Gratulant nach dem anderen meldete sich am Telefon, eine Glückwunsch-E-Mail nach der anderen erschien auf meinem Handy. Manchmal musste ich das Telefon ein Stück weit vom Ohr weg halten, so laut und euphorisch waren die Glückwünsche.

Am Wochenende nahmen wir eine Mitfahrgelegenheit nach Hof, in unsere frühere oberfränkische Heimat. Wir wollten das zwanzigjährige Jubiläum der Kirchengemeinde, der wir während unserer Hofer Zeit angehört hatten, nutzen, um unsere dortigen Freunde persönlich über meine Schwangerschaft zu unterrichten – allen voran das Pastorenehepaar Watson und Erika. In deren Küche hatten wir uns damals verlobt, und die beiden, er ein Amerikaner, sie eine Deutsche, hatten uns vor fünf Jahren getraut. Sie waren all die Jahre unsere wichtigsten Vorbilder in Sachen Ehe und Lebensführung gewesen und standen mit uns regelmäßig per E-Mail und Telefon in Verbindung.

Unser erster Halt in Hof galt allerdings einem anderen befreundeten Ehepaar. Die beiden hatten selbst ein Neugeborenes, ein schreiendes kleines Bündel. Ich durfte das Baby nehmen, es gelang mir, es in den Schlaf zu wiegen.

»Das schafft sonst nur die Hebamme«, sagte der frischgebackene Vater scherzend.

Als ich kurze Zeit später das Baby vorsichtig auf Tibors Brust legte und der Kleine einfach weiterschlief, meinten die Eltern nur, wir hätten wohl schon gut Übung – für uns die perfekte Gelegenheit, sie einzuweihen in unser Geheimnis. Die Freude war riesig.

Genauso groß war die Freude in unserer Gemeinde, als wir während der Jubiläumsfeier endlich den passenden Moment erwischten, um unsere Ansage zu machen.

»Wir sind schwanger!«

Erika und Watson waren zu Tränen gerührt. Rasch bildete sich ein Sog der Gefühle, dem wir uns nicht entziehen konnten. Die anderen Gemeindemitglieder standen um uns herum, die meisten Frauen weinten, die Männer gaben Tibor High-Five, es herrschte eine Riesenfreude. Am Sonntag sprach Watson in seiner Predigt auch über uns:

»Wenn man keine Vision hat, kommt man nirgends an. Gute Beispiele für eine gelebte Vision sitzen hier mitten unter uns, als unsere Gäste, Constanze und Tibor. Als sich die beiden vor fünf Jahren bei uns in der Küche verlobten, fragte ich sie, was ihr Plan sei, etwa in fünf Jahren? ›Da wollen wir eine Familie sein‹, hatten sie damals gesagt … Ja, und dieses Jahr wird es so sein. Die Bohgs sind am nächsten Weihnachtsfest zu dritt. Ihre Vision ist Wirklichkeit geworden.«

Wieder rollten mir die Tränen über die Wangen. Es war ein bewegender Moment in unserer alten Kirche. Dieser Tag war ein Festtag für uns, ein freudiger Tag, und doch stellte ich mit zunehmender Verwunderung fest, wie nahe am Wasser ich gebaut war, was sonst nicht meiner Art entspricht. Nach der Predigt kam Watson zu uns, legte seine Hände auf meinen Bauch und betete für uns und für unser Kind. Mir rannen die Tränen in Bächen über die Wangen, und ich tat nichts, sie zurückzuhalten.

Auf dem Rückweg nach Berlin saßen wir beide still im Auto nebeneinander, Hand in Hand. Wir starrten in das wechselhaft gewordene Maiwetter und hingen unseren Gedanken nach.

Unterwegs sah ich erst einen Regenbogen, dann noch einen. Beim dritten Regenbogen lief ein Schauer durch mich hindurch. Diese Anhäufung kam mir wie ein Zeichen vor – doch wofür brauchte ich an diesem Tag solch ein Zeichen? Ich musste an die Bibel denken, an den Regenbogen als Symbol für das Versprechen Gottes, die Menschheit nie wieder mit einer Sintflut zu strafen. Aber gleich drei Regenbogen?

Sinnierend starrte ich weiter hinaus, bis auf der Höhe des Hermsdorfer Kreuzes auf der A9 ein riesiges Plakat am Straßenrand in mein Blickfeld geriet:

»Ich halte dich. Gott.«

Wieder durchfuhr es mich. Irgendetwas beunruhigte mich, das fühlte ich. Ich spürte eine Veränderung, ich merkte instinktiv, dass etwas auf mich zukam, das ich nicht benennen konnte. War das ein Wink Gottes? Wieder und wieder dachte ich an den Feindiagnose-Termin, der uns am nächsten Tag bevorstand. Ich dachte an unser neues Leben in Berlin, an die Wohnungssuche, an die Jobsuche. Ich dachte an unser Kind, aber ich konnte mir auf all das keinen Reim machen. Endlich in unserer WG in Berlin angekommen, schlief ich nur schwer ein.

Noch vor dem Pränataldiagnostik-Termin musste ich am nächsten Morgen zur Physiotherapie, wegen meiner Rückenschmerzen. Auf dem Rückweg zur Wohnung merkte ich wieder, wie aufgewühlt ich war. Ich stöpselte mir die Kopfhörer meines MP3-Players in die Ohren, um Abstand von der Welt rund um mich herum zu bekommen, zu den Menschen, die sich schon auf dem Weinbergsweg tummelten. Es half nichts, wieder liefen mir die Tränen über die Wangen. In diesem Moment bekam ich eine SMS von meiner Freundin Susel, die von unserem bevorstehenden Termin wusste:

Viel Spaß beim Babywatching!

Ich musste lächeln und gleichzeitig weinen. In meiner Not rief ich sie an. »Ich habe solche Angst, dass etwas nicht in Ordnung ist«, schluchzte ich und erzählte ihr von dem Schild an der Autobahn und von den drei Regenbogen.

»Hab keine Angst«, ermutigte sie mich, »mach dir keine Sorgen.«

Das half mir. Ich lief noch eine Runde um den Block, weil ich Tibor nicht so aufgelöst gegenübertreten wollte. Was hatte ich für einen Grund dafür? Warum sollte ich auch noch meinen Mann beunruhigen?

Als ich zurückkam, saß er glücklicherweise konzentriert am Computer und merkte nichts von meiner Unruhe. Ich zog mich ins Schlafzimmer zurück und vertraute meine Sorgen meinem Tagebuch an.

Heute ist Feindiagnose-Termin. Ich bin den ganzen Morgen am Hadern, am Weinen, am ›An Gott Abgeben‹. Ich habe Angst, dass der Professor etwas findet, was anormal ist. Susel hat mich ermutigt und betet für mich. Gestern auf der Rückfahrt von Hof habe ich drei Regenbogen gesehen, und auf der Autobahn stand ein riesiges Plakat, auf dem stand: »Ich halte Dich. Gott.« Wie krass ist das denn, bitte? Das Baby hat Gott in meinen Bauch getan – er wacht darüber, lässt es wachsen und passt auf es auf. Das ist alles nicht in meiner Hand. Aber dieses Ringen ist so krass. Dieses Loslassen – loslassen bis in den Tod. Ich lese ab und zu von Fehlgeburten im sechsten Monat oder andere schlimme Sachen – aber mein Verstand sagt: »Nicht in deiner Hand!« Ist auch so. Das ist in Gottes Hand alleine! Auch gut, dass ich diese Sorge und Sorgfaltspflicht an Ihn abgeben muss. Sein Baby!

Mittags fuhren wir mit der Straßenbahn in die Friedrichstraße im Zentrum Berlins. Dort befindet sich die Praxis von Professor Chaoui, wo ich meinen Feindiagnostik-Ultraschall-Termin hatte. Kaum waren wir in dem modernen Gebäude, schnürte es mir die Kehle zu. Ich musste mich an Tibor klammern, der meine Aufregung besorgt registrierte. In der Praxis angekommen, blieb mir die Luft weg. Alles hier sah edel und nüchtern und kalt aus. Selbst die riesigen Blumen auf dem Empfangstresen strahlten eine abweisende Perfektion aus. Ich wunderte mich über mich selbst. Ich sagte mir immer wieder, dass es um etwas Schönes gehe, um den ersten richtigen 3-D-Blick auf unser Baby, aber nichts half. Mit zusammengeschnürter Kehle schob ich meinen Mutterpass und meine Chipkarte über das Pult. Die Arzthelferin sah im Terminkalender nach.

»Ich kann Sie nicht finden, Frau Bohg. Sind Sie sicher, dass Sie heute einen Termin haben?«

Mir fiel ein Stein vom Herzen, als ich sie das sagen hörte.

»Kein Problem, das macht nichts«, bemerkte ich, nicht aus gespielter Höflichkeit, sondern aus tiefstem Herzen, »wir gehen wieder. Das macht überhaupt nichts.« Ich griff nach den Unterlagen und nach Tibors Hand und zog ihn zu der rettenden Glastür hinter uns. Er zögerte kurz, schien aber einverstanden mit der Entscheidung, möglichst schnell von hier zu verschwinden. Doch wir hatten die Rechnung ohne die Arzthelferin gemacht.

»Nein, nein, nein, bleiben Sie, bleiben Sie! Das kriegen wir hin, wir können Sie zwischen zwei andere Termine schieben …«

»Das ist nicht nötig«, startete ich noch einen Versuch, ihr zu entkommen, »wir kommen ein anderes Mal …«

Mein Versuch misslang: »Natürlich kommen Sie heute dran«, hörte ich die Frau bestimmt sagen, »das kommt nicht in Frage, dass wir verschieben. Gehen Sie einstweilen einfach hinüber in die Buchhandlung Dussmann. Ich rufe Sie an, wenn wir so weit sind.«

Was blieb uns übrig, als uns zu fügen? So gingen wir widerwillig in das Kulturkaufhaus auf der anderen Straßenseite, hockten uns in die Abteilung für Eltern und Kinder und griffen uns jeder ein Namenbuch, um schon mal nach einem Namen für unsere Erdbeere zu suchen. Jeder von uns hatte schon eine Liste auf seinem Handy, und vielleicht würden wir an diesem Tag auf ein paar schöne neue Namen stoßen.

Meine vorübergehende Entspannung verflog mit einem Schlag, als das Telefon klingelte und die Praxis um unsere Rückkehr bat. Wieder hatte ich das beklemmende Gefühl im Fahrstuhl, das Magendrücken an der Rezeption und im Wartezimmer, bis ich endlich auf der Liege im Untersuchungsraum lag, meine linke Hand in Tibors Hand, und die Ärztin mit der Untersuchung begann.

»Dann wollen wir mal.«

Unsere geliebte Erdbeere!

Finsternis

Ich kann mich nicht mehr erinnern, wie wir nach der Diagnose und dem Zusammenbruch wieder aus dem dämmrigen Ruheraum der Praxis herauskamen. Meine Augen brannten von den Tränen, ich fühlte mich ausgelaugt. Ich wollte nichts als liegen, mich verkriechen, schlafen. Ich weiß nicht mehr, wie wir es aus der Praxis schafften, aus dem Marmor und Stahl und Glas des modernen Gebäudes hinaus auf die Straße, vorbei an einer Familie vor dem Fahrstuhl, Mutter mit dickem Bauch, Vater, Kind an der Hand, die uns alle ungläubig ansahen. Uns verheulte, gebeugte, vermutlich erbärmlich aussehende Gestalten. Ich weiß nicht mehr, wie wir unseren Weg hinaus in die Welt jenseits der Monitore und der wissenschaftlichen Fakten und Befunde fanden. Ich weiß es nicht und wunderte mich im Nachhinein darüber, dass wir es überhaupt schafften.

»Das kann doch nicht wahr sein!«

Nur dieser eine Satz hatte Platz in meinem Kopf.

»Das kann doch nicht wahr sein!«

Wir standen auf der Friedrichstraße, verweint und ohne Orientierung. Rund um uns herum tobte das Leben in einer Dichte, wie ich es sonst nur in Manhattan erlebt habe: Mit Menschen vollgepackte Bürgersteige. Büroangestellte mit Brötchen und Kaffee in Pappbechern. Geschäftsleute mit Aktenkoffern. Obdachlose mit ihren Zeitungen. Autoschlangen, Fahrradkuriere, Busse. Straßenverkäufer, lachende Menschen, verliebte Pärchen, S-Bahnen und ICE-Züge auf der Trasse über der Straße, Touristen, Kurierdienstfahrer mit Sackkarren. Das pralle Leben, und wir standen regungslos an der Straßenbahnhaltestelle, wie Wesen von einem anderen Stern. Ich kam mir vor wie der Hauptdarsteller Neo in dem Film »Matrix«, und die gesamte Wirklichkeit um mich herum war eine künstliche Kulisse. Wie ein Film, in dem ich nicht mitspiele, eine surreale Inszenierung.

»Was machen wir jetzt?«, hörte ich mich fragen, während ich uns beide wie von außen sah, schlechte Schauspieler am Rand eines übervollen Gehwegs. Eine Antwort hatte ich nicht erwartet. Wir waren beide draußen aus dem System Leben, als hätte dieses Leben Hände und die hätten uns rausgenommen und am Rand abgestellt, als unbeteiligte Zuschauer.

»Schatz, wir schaffen das. Wir stehen das zusammen durch.«

Das muss Tibor gesagt haben, keine zwei Stunden nachdem Gott uns mitgeteilt hatte, dass unser Kind sterben wird. Nein, Professor Chaoui hatte uns das gesagt. Ich konnte nichts mehr geordnet bekommen in meinem Kopf.

»Schatz, ich bin davon überzeugt, dass wir eine große, glückliche Familie sein werden.«

Wieder Tibor.

»Ja, da bin ich mir auch sicher.«

Der Satz kam wohl aus meinem Mund. Wir stiegen nicht gleich in die Straßenbahn, sondern gingen ein paar Schritte Richtung Fluss, zur Spree, dort würde es wohl ein bisschen ruhiger sein. Mechanisch zog ich mein Telefon heraus und rief Watson und Erika an, denen wir gestern noch in Hof überglücklich in den Armen gelegen hatten. Ich berichtete in nüchternen Worten von der Katastrophe, aus Verzweiflung. Was hätte ich sonst tun sollen? Mir fiel einfach nichts anderes ein, als zu telefonieren. Manchmal funktioniert der Mensch einfach so, ohne bewusste Steuerung. Auch ich funktionierte wie fremdgesteuert, ich stand unter Schock. Ich weiß nicht mehr, was Watsons Antwort war, vermutlich tröstende Worte, die ich nicht in mir aufnehmen konnte.

Ich rief auch bei Susel an. Der hatte ich schon aus der Praxis eine SMS geschickt, wie eine ferngesteuerte Maschine:

Alles ganz schlimm rein menschlich gesehen hoffnungslos ich melde mich später

Bei Susel wusste ich, dass sie bei mir war, jeden Moment dieses Tages. Ich wusste, dass sie mit mir mitfieberte, mit unserem Kind und seinem Schicksal. Auch ihr erzählte ich nüchtern von dem, was vorgefallen war, und ergänzte trotzig: »Ich bin gerne bereit für ein Wunder. Wenn Gott ein Wunder tun will an mir – bitte schön!«

Meine Kampfeslust war allerdings nur äußerlich, innerlich war mir nicht nach Kämpfen zumute, eher nach Heulen. Das taten wir dann auch zusammen, am Telefon, Susel und ich.

»Das kann doch alles nicht wahr sein.« Die Worte, die sie fand, waren meinen sehr ähnlich.

Mechanisch gingen wir schließlich zur Straßenbahnhaltestelle hinüber, an der wir vor ein paar Stunden in der Friedrichstraße angekommen waren. Versteinert warteten wir auf die Bahn nach Hause, Arm in Arm. Das war die einzige Hilfe, sich im andern geborgen fühlen. Ineinander hätten wir kriechen können, so innig waren wir. Am Zionskirchplatz, unserer Haltestelle, mussten wir in das nächste Menschenmeer eintauchen, diesmal eines aus lauter jungen Menschen und Studenten, Schwangeren und Müttern mit Kinderwagen und Latte-macchiato-Gläsern auf den Cafétischen vor sich, die übliche Prenzlauer-Berg-Mischung eben. Als Fremde huschten wir in unsere WG, so schnell wir konnten.

Wie ein Schlag traf uns das Bild, das sich uns in der Küche darbot: Dort lag der geöffnete Brief, den wir am Vortag der WG hingelegt hatten, von wegen unseres Elternglücks. Unsere Mitbewohner wussten nur noch nicht, dass unser Kind dem Tod geweiht war.

Heulend ließ ich mich aufs Bett fallen, Tibor gleich nach mir. Es reichte nur zum Zuziehen der Vorhänge, um den sonnigen Frühlingstag draußen zu lassen, das Glück, den blauen Himmel, die Frühlingsluft. Es reichte noch dazu, die Handys auszuschalten, die Türen zu schließen. Nur keine neuen Gratulanten, keine Nachfragen der Mütter, wie es denn gehe, keine Besucher.

»Unsere Erdbeere, unsere Erdbeere!«

»Mein Baby! Mein Baby!«

Stundenlang lagen wir auf dem Bett, von Weinkrämpfen geschüttelt. Gegen Abend summte es schon in meinem ganzen Gesicht. Es vibrierte wie kurz vor einem Nervenzusammenbruch, vor der Hysterie. Das ist ein Nervenzusammenbruch, dachte ich noch, ich stehe das nicht durch.

Abends schickte ich eine SMS an meinen Bruder, der mittlerweile nicht mehr auf unserer Gästematratze wohnte, sondern in der WG einen Stock tiefer.

Komm, wir müssen Dir etwas sagen.

Sebastian kam bereits mit versteinerter Miene. Er wusste vom heutigen Ultraschalltermin, er hatte die SMS gelesen, ihm reichte ein Blick auf uns, um alles zu wissen. Wir erzählten ihm von der Diagnose, alle drei in unserem kleinen Wohnzimmer, alle drei heulend. Mein Bruder war am Wochenende zu Hause gewesen und hatte schon das erste Babygeschenk von meiner Schwester mitgebracht. Es war ein mit Kirschkernen gefüllter Plüschelefant, der Bauchweh oder Blähungen von Säuglingen lindern sollte. Wutentbrannt warf ich das nutzlos gewordene Teil quer durch den Raum.

»Was soll ich damit? Mein Kind wird nie Bauchweh haben! Mein Kind wird sterben!«

Ich wollte den Elefant sofort in den Müll stopfen, doch bevor ich ihn wieder gefunden hatte, brach ich in Tränen aus. Wie dumm meine Reaktion war! Wie herzlos! Meine Schwester weiß von nichts, musste ich mich zu denken zwingen, wie sollte sie das nur wissen? Wieder heulend nahm ich den Elefanten zu mir, noch mehr heulend sah ich ihn an. Ich wusste, dass ich ihn vor mir selbst verstecken musste, wenn ich nicht wahnsinnig werden wollte vor Schmerz. Ratlos sah mir mein Bruder zu. Niemand, das war mein Gefühl, konnte mir Rat geben, niemand Linderung, niemand Hilfe.

Die Nacht war endlos. Wir heulten, wir jammerten, wir flehten. Dazwischen nickten wir weg, um bald wieder aufzuwachen. Jedes Mal, als ich die Augen aufs Neue aufschlug, durchfuhr es mich, dass alles nur ein böser Traum sei. Sobald ich völlig wach war, fiel mir wieder der letzte Tag ein: der Bildschirm, der Professor, die Diagnose. Der letzte Tag war kein Traum gewesen, sondern ein Schlag ins Gesicht.

Erschöpft ließ ich mich zurück ins Kissen sinken, mit der Hoffnung auf Schlaf, doch der kam erst nach dem nächsten Weinkrampf bis zur Erschöpfung. Was wir erfahren hatten, war zu erdrückend für mich, um es verarbeiten zu können. Mir war, als würde mein Gehirn aus Karteikarten bestehen, und ich würde alle durchblättern, auf der Suche nach einer ähnlichen Situation, die ich schon einmal erlebt hatte. Immer wieder ließ ich die Fingerkuppen imaginär über die Karten gleiten, mein Leben zog an mir vorbei, Bilder über Bilder stürmten auf mich ein, aber ich fand nichts. Nichts. Noch nie hatte ich mich in so einer Situation befunden, nicht einmal annähernd. Selbst mein Burnout vom letzten Jahr war ein Spaziergang gegen das, was ich nun erlebte. Damals wusste ich, dass ich zu Ärzten gehen werde, zu Psychologen. Ich wusste irgendwann, dass die das wieder »hinbekommen«. In dieser Nacht hingegen war mir klar, dass mir kein Arzt helfen kann. Ich spürte nichts als Hilflosigkeit, Sinnlosigkeit. Ich war hungrig, aber ich wollte nicht essen. Ich war verschwitzt, aber ich wollte nicht duschen. Meine gesamte Lebensenergie war aus mir gewichen, Tibor erging es nicht anders.

Unendliche Finsternis umgab uns.

Fünfzig Jahre

Als Tibor am nächsten Morgen aus dem Schlafzimmer kam, lief er unserem Mitbewohner Victor in die Arme. Der war bester Laune und dachte, dass der Papa in spe das auch sei. »Na, alles jut, Kumpel?!«, versuchte er breit zu berlinern. Es dauerte nur wenige Sekunden, bis er mitbekam, dass nichts gut war. Tibor erzählte ihm in knappen Worten, dass unser Baby krank sei. Ohne lange nachzufragen oder zu überlegen, nahm der Chilene Tibor in den Arm und hielt ihn fest. Das war das Beste, was er tun konnte. So durfte mein Mann weiter weinen, wie ich das im Schlafzimmer tat, von wo aus ich die Szene mitbekommen hatte. Wir verließen in diesen Tagen kaum unsere zwei WG-Zimmer, nur für das Allernötigste und die Arzttermine. Der Appetit auf Erdbeeren war mir vergangen.

Doch das Leben ging weiter: E-Mails aus den USA erreichten uns, Glückwünsche zu unserem Baby. Anrufe, die wir nicht beantworteten. Auch meine Mutter rief an – mit ihr musste ich sprechen. Sie war aus dem Häuschen über ihr erstes Enkelkind. Instinktiv verstellte ich mich unter Aufbietung aller meiner Kräfte so, als ob alles in Ordnung wäre – ich brachte es nicht übers Herz, ihre Freude zu zerstören. Ich hatte auch nicht die geringste Ahnung, wie ich ihr die Nachricht beibringen sollte. Ich wusste nur, dass ich es zu diesem Zeitpunkt nicht konnte. Noch nie in meinem Leben war ich so froh gewesen, ein Telefonat mit meiner Mutter beenden zu können.

Dienstagmittag standen Tibor und ich wieder in der Friedrichstraße, vor demselben Haus wie tags zuvor. In demselben Gedränge, unter demselben Maihimmel, nur verzweifelter, hoffnungsloser und aufgelöster als tags zuvor. Diesmal saßen wir in der Praxis einer Humangenetikerin gegenüber, die uns über unsere Familien ausfragte. Sie zeichnete unseren Stammbaum und fragte uns nach Erbkrankheiten in unseren Familien.

Ich hatte nicht die geringste Ahnung, was uns dieses Gespräch bringen könnte und was wir hier sollten. Mir gelang es nicht, mich des Gefühls zu erwehren, dass wir wie Schafe vorgeführt wurden, zu einer Schlachtbank sollten, die noch nicht zu sehen war. Instinktiv ergriffen Tibor und ich einander unsere Hände. Die Humangenetikerin sprach indes über unser Kind, über unsere Erdbeere, bis ich stutzte: Sie sprach in der Vergangenheit von unserem Kind! Sie sprach von meinem Kind so, als ob es schon weg wäre, obwohl es noch nicht einmal da war!

»Wie bitte?«, fuhr ich die Frau an, und ich glaube, ich wurde dabei sogar ein bisschen laut. »Das Kind *hatte?* Das Kind *war?* Jetzt hören Sie mir mal zu! Das Kind *ist* in meinem Bauch drin, es lebt! Dem Kind geht es gut, es hat keine Schmerzen! Das überlassen Sie bitte mal uns, was aus dem Kind wird!«

»Ach so?« Die Ärztin hob die Augenbrauen. »Sie haben also noch nicht entschieden, dass Sie abtreiben? Ach!«

»Nein«, ich glaube, ich schrie mein Gegenüber jetzt an, »das haben wir noch nicht!«

Daraufhin holte sie wortlos ein Buch hervor, um etwas über unsere Diagnose zu lesen. Sie fand Etliches über den übergeordneten Begriff für Fehlbildungen des Neuralrohres. Eine Fehlbildung, die umgangssprachlich auch »offener Rücken« genannt wird und nicht so selten auftritt – doch über die sehr seltene Diagnose unserer Erdbeere, über die Öffnung in der Schädelkalotte unseres Kindes, durch die Hirnanteile nach außen traten, darüber fand sie nichts. Das Ergebnis unseres Gesprächs bestand darin, dass ich stinksauer war und kurz davor, jemanden vor Wut anzuspringen – und dass wir eine Punktion machen lassen wollten, um festzustellen, ob bei unserem Kind noch andere Defekte vorlägen und ob die Fehlbildung mit meinem oder mit Tibors Erbgut zusammenhinge. Dieses Wissen würde unserer Erdbeere zwar nicht weiterhelfen, es würde sie kein bisschen gesünder machen, doch, so dachte ich, es würde uns helfen, die Krankheit und alles, was damit zusammenhing, besser einordnen zu können.

Als wir wieder draußen im Warteraum saßen, hatte ich das Gefühl, dass mich die Arzthelferin prüfend ansah – vermutlich hatte ihr die Ärztin, mit der wir eben gesprochen hatten, schon gesteckt, dass ich vor Wut raste. Mir war das in diesem Moment egal, denn ich hatte beschlossen, um meine Entscheidung zu kämpfen, und ich fühlte mich schon nach ein paar Blickwechseln im Einvernehmen mit Tibor: Wir waren hier, um Diagnosen und medizinische Aussagen präsentiert zu bekommen. Wir waren aber nicht hier, um Urteile zu hören, Ratschläge oder unterschwellige Empfehlungen. Das Urteil bestand in der infausten Diagnose für unser Kind, wie eine prinzipiell unheilbare Erkrankung in der Medizin genannt wird. Deren Bewältigung und die Entscheidung, wie damit umzugehen sei, so war unser Gefühl, nein: so hatten wir stillschweigend entschieden, sollten die Ärzte uns überlassen!

In diese Gedanken vertieft, warteten wir auf die Psychologin vom »Sozialdienst katholischer Frauen«, die uns auf Vermittlung von Professor Chaoui gleich hier in der Praxis beraten sollte. Ich war zu ausgelaugt für weitergehende Analysen oder Planungen, aber ich fürchtete mich doch: Was, dachte ich, wenn nun eine liebe alte Schwester in Nonnentracht hereinkäme und uns lächelnd von allen Kindern als Geschöpfen Gottes erzählte, denen der Mensch nichts antun dürfe, komme, was wolle? Was, wenn sie mit uns die Hände falten und beten und auf die göttliche Vorsehung hoffen wollte? Nun bin ich selbst Christin. Ich bin in diesem Sinne aufgewachsen, ich stamme aus einem christlichen Elternhaus in der ehemaligen DDR, wo es meine Eltern alles andere als leicht hatten, ihren Glauben zu leben. Ich war zeit meines Lebens in der evangelischen Freikirche verankert, seit einigen Jahren zusammen mit meinem Mann. Der Katholizismus blieb mir immer fern – ich kann nur wenig anfangen mit seinen Riten, Traditionen und all der damit verbundenen Pracht. Ich war skeptisch, weil in meinen Augen Katholiken in Fragen wie Sexualität und Fortpflanzung aufgrund der kirchlichen Lehre nicht gerade glaubwürdig sind in ihren Meinungen und Urteilen. Kurzum: Was könnte ich mir von einer Nonne schon über den Umgang mit einem schwer geschädigten Embryo erzählen lassen?

Diese aufkommenden Gedanken wurden von einem hellen Klack-klack-klack zerrissen. Das Geräusch kam von den Pumps, in denen die Psychologin aus der Schwangerschaftsberatung des »Sozialdienstes katholischer Frauen« über den Gang stöckelte, in schicken Jeans und Bluse. Ich konnte mir, glaube ich, das Lächeln nicht verkneifen, als sie die Tür öffnete. Ich atmete erst mal tief durch – wenn die katholische Beraterin so aussah, musste sie mehr vom Leben verstehen als von der Welt der Nonnen und Klosterbrüder.

So war es auch: Sobald sie in dem Zimmerchen ankam, in dem wir uns tags zuvor die Seele aus dem Leib geweint hatten, begann ein so einfühlsames wie professionelles, ein so freundliches wie mit der nötigen Distanz geführtes Gespräch. Wir erzählten von uns, von unserer Situation, von unseren Ängsten: Wie uns die Diagnose vom siebten Himmel in die tiefste Hölle gestoßen hatte. Wie sich in uns langsam und vorsichtig die entscheidende Frage herausbildete: Ob ich die Schwangerschaft mit einem todgeweihten Baby durchstehen könnte? Ob es Hilfe für das Kind, Hilfe für uns gebe? Ob das Baby nicht doch noch zu retten sei? Ob ich das Kind austragen oder ob ich es abtreiben lassen sollte? Wie wir mit dem Erwartungsdruck unserer Eltern, Freunde, Bekannten umgehen sollten?

Frau Fricke, so hieß die Beraterin, saß einfach nur da und half uns, unsere chaotisch hin und her springenden Gedanken zu ordnen, Gefühle zu sortieren, Gefühle und Gedanken zu verbinden. Ihre Sätze waren einfach, klar und zielgerichtet: »Wonach ist Ihnen denn jetzt? Hören Sie in sich hinein …«

Ich stutzte. So hatte ich unsere Situation noch nicht gesehen. In den letzten Stunden zwischen meinen Heulattacken hatte ich mir nur ständig den Kopf zermartert, weil ich eine Antwort auf die Frage suchte, was wir dem Baby schuldig wären. Was wir zu unseren Eltern sagen sollten, zu unseren Freunden. Ob wir unsere Freunde in der Kirchengemeinde mit der Frage nach einer Abtreibung konfrontieren dürften? Ob ich meinen Bruder noch weiter in all das hineinziehen durfte? Wie wir mit den Ärzten umgehen sollten?

Langsam wurde mir klar, dass ich alle meine Gedanken immer nur auf die anderen konzentriert hatte. Auf Dinge von außen, auf meine Umgebung, auf andere Menschen. Auf alles, nur nicht auf mich.

»Ganz ehrlich? Ich will mit niemandem sprechen, bis wir uns entschieden haben, wie wir weitermachen wollen.«

Frau Fricke überlegte keinen Moment. Sie sah uns nur freundlich an.

»Dann machen Sie das doch so. Ziehen Sie sich einfach zurück. Lassen Sie sich nicht drängen, es gibt keinen Zeitdruck.«

Das klang leicht, ganz leicht, wäre uns aber auf Anhieb

nicht eingefallen. Zumindest hätten wir das in dieser Deutlichkeit nicht zu denken gewagt.

»Ziehen Sie sich einfach zurück.«

Wir nickten einander zu, Tibor und ich. Wir wussten in diesem Moment, dass wir das so machen wollen. Wir wollten nicht mit unseren Eltern über eine Sache diskutieren, bei der sie uns ohnehin nicht helfen konnten. Wir wollten nicht den ganzen Tag über die Prenzlauer-Berg-Mamas stolpern, wir wollten von unseren Freunden keine gutgemeinten Ratschläge, keine moralischen Ermahnungen.

»Als ich Sie beide zum ersten Mal sah«, erzählte mir Frau Fricke viel später, »spürte ich sofort Ihren ethischen Konflikt. Ihre Verzweiflung um die verlorene Gesundheit Ihres gemeinsamen Kindes und gleichzeitig der Wunsch, es retten zu wollen, waren deutlich. Gleichzeitig widersetzte sich etwas in Ihnen Ihrer raumgreifenden Ohnmacht. Sie hielten die Hände vor Ihren Bauch, als wollten Sie ihn vor der Außenwelt beschützen. In jedem Paargespräch rückten Sie die Stühle so, dass Sie Blick- und Körperkontakt zu Ihrem Mann hatten. Es war deutlich, dass Ihr Kind ein Kind großer Liebe war, das sie beide verzweifelt schützen und bewahren wollten. Und mir war klar, dass Sie eine Abtreibung in einen starken Konflikt stürzen würde, von Ihrem Glauben und von Ihrem Selbstverständnis her. Gleichzeitig vermittelten Sie, dass Sie keinesfalls so dogmatisch waren, um eine Schwangerschaftsunterbrechung von Anfang an völlig ausschließen zu können. Sie standen vor einem Prozess, der wohl konfliktreichsten Entscheidung Ihres Lebens.«

Ich erzählte der Psychologin von meinem Bruder Justus. Ich erzählte ihr, dass meine Mutter in der Pränataldiagnostik ebenfalls schlimme Prognosen zu hören bekommen hatte damals, dass für sie eine Abtreibung aber niemals in Frage gekommen wäre. Ich erzählte ihr auch, dass die Behinderung unseres Babys tausendmal schwerer war als die von Justus – dass die Diagnose für unsere Erdbeere mit dem Leben nicht vereinbar war. Und dass ein Abbruch meiner Schwangerschaft für mich trotzdem ein In-Frage-Stellen von Justus' Leben einschloss. Womit ich schon wieder andere in unsere eigene Entscheidung einbezog.

»Sie beide! Sie müssen Ihre Entscheidung treffen!«

Wie recht die Psychologin hatte! Langsam begann ich mich zu beruhigen.

»Das ist Ihr Bauch. Das ist Ihr Kind. Das ist Ihr Leben. Das ist Ihre Entscheidung, und die muss authentisch sein.«

Frau Fricke sprach langsam und konzentriert mit uns. Es war die richtige Art, in jenem Moment.

Nach diesem Gespräch wussten wir, dass wir ein Schreiben aufsetzen würden mit folgender Ansage – an alle Verwandten, Freunde, Bekannten:

Wir sind nicht da, ruft uns nicht an, wir wollen keinen Kontakt!

Wir wussten, dass wir weiterarbeiten wollten mit der Psychologin.

Wir wussten, dass wir ans Meer fahren werden, kurzfristig, sobald das ginge.

Wir wussten, dass wir im Moment keine langfristigen Pläne schmieden würden.

Wir wussten, dass wir uns erst einmal damit befassen mussten, durch den Tag zu kommen. Tibor, ich und unser ungeborenes Kind.

Und wir wussten, dass uns keiner helfen könnte. Dass wir niemanden um Rat fragen würden.

Wir wussten aber nicht, welcher Teil des Gehirns unserer Erdbeere geschädigt war. Wir wussten nicht, wie lange unser Kind leben würde, wenn es denn je lebend auf die

Welt käme. Und wir hatten keine Ahnung davon, wie dieses Leben aussehen würde. Wäre es voller Schmerzen? Voller Freude? Oder wäre es ein Dahinvegetieren, abhängig von medizinischen Apparaten?

»Überlegen Sie sorgfältig und spüren Sie gut in sich hinein«, gab uns Frau Fricke mit auf den Weg. »Sie treffen eine Entscheidung über Ihr gemeinsames Kind nicht für irgendjemanden, sondern nur für Sie drei. Diese Entscheidung sollten Sie auch noch in vielen Jahren verantworten müssen. Daher darf sie nicht überstürzt sein, sondern muss reifen.«

Dieser Satz brannte sich uns ein: »Die Entscheidung muss reifen.« Das war nun wohl die Entscheidung unseres Lebens – die stand vor uns, und sie war unausweichlich. Bis jetzt hatten Tibor und ich unsere Entscheidungen immer wohlüberlegt, sachlich und mit scheinbar leichter Hand getroffen: Ich hatte einen Job in den USA angeboten bekommen? – Klar, Tibor würde mitkommen, und beim nächsten Mal würde ich ihm nachziehen für einen guten Job. Wir waren auf der Suche nach einem Haus in den USA? – Wir hatten fünfzig Häuser besichtigt, eine Woche lang, zehn jeden Abend. Bei manchen drehten wir schon am Gartentor um, bei manchen reichte ein Blick in den Flur. Bei dem Haus, das wir schließlich genommen hatten, drückten wir schon im Flur die Hände fest ineinander, weil wir wussten, dass es dieses Haus sein würde. Und so war es. Immer wieder trafen wir unsere Entscheidungen zwar nach sorgfältiger Überlegung, aber doch oft so, wie wir aus einem ersten Impuls heraus empfunden hatten – in einer ausgewogenen Mischung aus Bauch und Kopf, und immer in vollstem Einverständnis zwischen Tibor und mir.

Diese Entscheidung lag anders. Hier ging es nicht um ein Haus, sondern um ein Leben. Hier ging es nicht um zwei Jahre, sondern um fünfzig Jahre oder mehr. Hier konnten wir nicht in einem Moment entscheiden. Hier reichte kein Überschlafen. Hier mussten wir zuerst, vor unserer Entscheidung, eine Krankheit erforschen, ein uns noch kaum bekanntes Kind kennenlernen. Hier mussten wir die Abgründe unserer eigenen Persönlichkeiten bereisen, die Reichweite unserer Gedanken, die dunklen wie die hellen Seiten unserer Überzeugungen, die Höhen und die Tiefen unseres Glaubens. Bei diesem ersten Treffen mit unserer neu gewonnenen Psychologin wurde uns klar, dass wir eine lange, mühsame und auch schmerzhafte Entscheidung vor uns hatten. Damals war uns aber noch nicht klar, wie schwer der Weg dorthin tatsächlich war, und wir hatten keine Ahnung davon, dass wir auf dieser Reise viereinhalb Wochen unterwegs sein würden.

Gewissheit

Nachdem wir mit Frau Fricke gesprochen hatten, kamen wir noch einmal zu Professor Chaoui, weil wir uns für eine Punktion entschieden hatten. Wir wollten klären, ob die Schädigung unseres Kindes mit unseren Erbanlagen zusammenhing. Vielleicht wollten wir in unserem tiefsten Inneren damals auch schon wissen, ob wir überhaupt noch Hoffnung auf gesunden Nachwuchs haben durften, wann auch immer er sich einstellen sollte. Vor allem wollten wir aber einfach alles über unsere Erdbeere erfahren, wobei wir uns bei Professor Chaoui gut aufgehoben fühlten. Der Arzt wirkte uns gegenüber freundlich, voller Sympathie, aufgeräumt. Er fragte vorsichtig, wie es uns gehe, und er wies uns darauf hin, dass wir nach der gesetzlichen Lage drei Tage warten müssten, vom Befund bis zu einer eventuellen Abtreibung.

Er sagte »eventuell«, weil er schon wusste, dass wir uns noch nicht entschieden hatten.

»Herr Professor«, fragte ich zuerst, »wie lange wird unser Kind leben?«

Professor Chaoui überlegte. Es war deutlich zu sehen, dass ihm seine Antwort nicht leichtfiel: »Eine Stunde? Eine Woche? Vielleicht stirbt es bei der Geburt, vielleicht vor der Geburt, vielleicht nach der Geburt. Vielleicht in zehn Jahren, vielleicht in vierzig Jahren? Wenn es überlebt, wird es jedenfalls die höchste Pflegestufe haben. Wie lange es leben kann, weiß ich aber nicht …«

Diese Antwort stürzte uns von unserem tiefen Abgrund, in dem wir uns seit der Diagnose befanden, in einen noch tieferen.

Vielleicht würde ich fähig sein, ein behindertes Kind auf die Welt zu bringen – das kam mir zumindest möglich vor. Vielleicht wäre ich in der Lage, mich um ein so hilfloses wie hoffnungsloses Neugeborenes zu kümmern – da war ich mir ganz und gar nicht sicher, aber es war doch denkbar. Aber hätte ich die Kraft, vierzig Jahre meines Lebens einem Pflegefall zu widmen? Dieser Gedanke war so unfassbar, dass ich ihn kaum zu denken wagte. Wie alt wäre ich in vierzig Jahren? Zweiundsiebzig?

»Sicher ist nur, dass das Kind nichts können wird. Es wird vom Kopf abwärts gelähmt sein. Vielleicht wird es selbständig atmen können oder schlucken, aber ich glaube eher nicht. Mit einer sehr hohen Wahrscheinlichkeit bekommt es nichts mit, weil das Gehirn stark geschädigt sein wird. Dem Kind steht – wenn es denn überhaupt je leben wird – ein Leben mit Schwerstbehinderung bevor.«

Wahrscheinlich sahen wir so betroffen aus, so verzweifelt, dass der Arzt noch etwas sagen musste, um der Stille in dem Raum und unserem Schluchzen etwas entgegenzusetzen.

»Das ist eine Vermutung, nicht mehr, es ist keine Sicherheit«, sagte er, »wir kennen keinen Fall mit so einer Diagnose, bei dem sich die Eltern für das Austragen entschieden haben. In den seltenen Fälle, die wir hier hatten, haben sich die Paare alle für eine Abtreibung entschieden.«

Dann bat er mich auf die Liege, um noch einmal mein Baby zu schallen. Wieder spürte ich das kalte Gel auf meinem Bauch. Wieder saß Tibor weinend neben mir, meine Hand fest in seiner. Dieses Mal weinte auch ich bitterlich. Wieder sahen wir unser Kind auf dem riesigen Monitor vor uns, und wieder war klar, dass dieses Kind keine Chance hatte. Jetzt konnte auch ich den Auswuchs am Hinterkopf deutlich sehen, die sogenannte Cele, diesen Hautsack mit dem darin austretenden Gehirn und Rückenmark des Kindes – oder zumindest bildete ich mir das ein. Es war so hart für mich, dass ich es nicht mehr aushalten konnte.

»Machen Sie bitte diesen verdammten Bildschirm aus, ich kann es nicht mehr sehen.« Ich glaube, ich sagte das ziemlich vehement, aber ich hatte einfach nicht mehr die Kraft, diesen Knubbel riesengroß vor mir zu sehen, diesen Knubbel, von dem ich wusste, dass er meinem Kind das Leben nehmen würde.

Professor Chaoui reagierte verständnisvoll und schaltete den großen Monitor ab. Er schallte noch kurz weiter, um dann auch sein Gerät abzuschalten, mit einem Achselzucken. Es war nichts zu machen, das sah ich ihm an.

Er klärte uns noch über die Risiken der von uns gewünschten Punktion auf, die allerdings sehr gering wären. »Wir müssen zwar mit der Nadel direkt in die Plazenta, aber wir können die währenddessen im Ultraschall genau lokalisieren. Doch lassen Sie uns das morgen machen. Sie sind heute schon so beansprucht, seelisch, psychisch, so verkrampft, das ist nicht gut. Lassen Sie uns das morgen machen …«, wiederholte er fast bittend.

Mir war das nur recht, denn ich war wirklich am Ende. Ich hoffte auf Erlösung, auf Ruhe, auf Schlaf. Ich wollte nur noch abschalten, nichts sonst.

»Können wir in dieser Situation ein paar Tage wegfahren, an die Küste?«

»Natürlich. Es können zwar immer Komplikationen auftreten, Fieber, Wehen, Blutungen, aber Sie fahren ja nicht in den Dschungel. Kommen Sie erst einmal zu sich, nehmen Sie sich alle Zeit, die Sie brauchen. Ich versichere Ihnen schon jetzt, dass wir jede Entscheidung mittragen, die Sie fällen werden.«

Überrascht sah ich den Arzt an – dafür hätte ich ihn glatt umarmen können! Jetzt wusste ich, dass er uns nicht drängen, uns zu nichts zwingen, uns nicht im Stich lassen würde.

»Sie können jederzeit zu uns in die Praxis kommen!«

Mehr konnte ich im Moment nicht verlangen, das wusste ich, und einen besonderen Status genossen wir ohnehin in dieser Praxis, die uns in den letzten Stunden wie unsere ganze Welt vorgekommen war: Auf unserer Akte sah ich einen Aufkleber, der alle, die damit zu tun hatten, auf eine besondere Art der Rücksichtnahme aufforderte – etwa dass wir in einem abgeschlossenen Bereich warten konnten und nicht zwischen all den dicken Bäuchen sitzen mussten. Diese Art von besonderer Aufmerksamkeit hatte ich bereits von Seiten des Professors erfahren und war ihm mehr als dankbar dafür.

Kaum waren wir wieder zu Hause, lagen wir auch schon im Bett und heulten los, einmal Tibor, dann ich. Es schien, als wäre das unser Normalzustand geworden: liegen, heulen, Tränen trocknen. Das Hirn zermartern über mögliche Ursachen der Schädigung. Mit uns ins Gericht gehen, warum dieses Leid ausgerechnet uns treffen musste. Im Internet nach Antworten auf diese Fragen suchen. Über dem Ausbleiben von Antworten verzweifeln.

Ich fühlte, wie ich mich von dem Baby distanziert hatte, ohne es bemerkt zu haben. Ich wollte nicht mehr schwanger sein. Tibor streichelte mir nicht mehr über den Bauch. Ich dachte über eine Abtreibung nach, ich zog den Abbruch als Möglichkeit in Betracht. Ich ekelte mich vor meinen eigenen Gedanken: Wenn es doch überlebt, lebst du ein Leben lang mit einem Schwerstbehinderten! Durfte ich so etwas denken? Ich las im Internet von christlichen Eltern mit behinderten Kindern. »Gott hat euch ausgesucht«, stand in Kommentaren zu solchen Fällen, »denn bei euch ist das behinderte Kind in besten Händen!« War das ernst gemeint? War das zynisch? Kann man sich ein behindertes Kind schönreden?

Ich tat mich schwer damit, mir solche Gedanken zuzugestehen. Ich musste sie Tibor gegenüber aussprechen. »Es darf keine Tabus geben«, sagte ich ihm, »was immer wir denken, müssen wir voreinander aussprechen können. Was immer an Lösungen möglich ist, müssen wir denken dürfen. Dazu gehört auch eine Abtreibung.«

Als ich das sagte, merkte ich, wie Tibor aufatmete. Sofort schworen wir einander, nichts vor dem anderen zurückzuhalten, nichts zu verschweigen, alles zu sagen, klänge es auch noch so abwegig oder wahnsinnig. Das kostete sehr viel Mut und Überwindung, aber es musste sein, darüber waren wir uns beide einig.

Ich stamme aus einer christlichen Familie. Für meine Mutter war eine Abtreibung immer tabu, auch damals, als sie meinen jüngsten Bruder erwartete, Justus, trotz seines Down-Syndroms. Doch was war ein Down-Syndrom gegen ein Hirn, das aus dem Hinterkopf austritt? Meine Mutter, mein Vater, dachte ich trotzig, müssen nicht ihr Leben mit einem lebenslang hilflosen Kind leben. Sie müssen nicht jahrelang wickeln, füttern, Rollstuhl schieben, Sabber abwischen. Ich muss das machen, dachte ich, Tibor muss das machen. Also muss die Entscheidung auch allein unsere Sache sein!

Ich wollte, dass Tibor wusste, wie frei auch ich die Entscheidung angehen wollte, was für meinen Mann alles andere als selbstverständlich war. Tibor hatte sich erst unmittelbar vor unserer Hochzeit taufen lassen, in Hof. Wie weit weg mir diese wunderbare Zeremonie nun schien, ein fernes Leuchten in dem finsteren Tunnel, in dem wir feststeckten. Genauso weit weg wie unser Vorhaben, unser Kind nicht taufen zu lassen, beide wollten wir das nicht. Die Kindertaufe ist zwar eine kirchliche Tradition, aber wir leben nicht nach Traditionen. Wir hatten beschlossen, das Kind sollte sich später einmal selbst entscheiden, als Erwachsener. Aber würde unsere Erdbeere je erwachsen werden?

»Ich bin Christin«, sagte ich zu Tibor, »aber das parke ich in meinem Unterbewusstsein. Ich muss mich an keine Dogmen halten, sondern nur an mein Gewissen. Ich finde meine Entscheidung nur in mir. Bitte versprich mir, dass auch du deine eigene Entscheidung findest. Du bist distanziert, du legst deine Hand nicht mehr auf meinen Bauch. Aber ich kann nicht distanziert sein, ich habe das Kind im Bauch. Ich kann nicht weglaufen. Ich muss mich dem Ganzen stellen. Bitte stell dich mit mir all dem, was vor uns liegt, auch wenn du das Kind nicht im Bauch hast.«

Genau diese Zusage wollte ich von Tibor, und genau das versprach er mir: Seine eigene Entscheidung zu treffen, nicht nur meine Entscheidung zu unterstützen. Ich sah ihm in die Augen und sagte: »Niemals will ich den Satz von dir hören: ›Egal, wie du dich entscheidest, du hast meine volle Unterstützung‹ – darauf kann ich verzichten! Jeder soll für sich entscheiden – und erst, wenn beide zu einem Entschluss gekommen sind, sagen wir es einander.«

Das einzig weitere Konstruktive, das wir an diesem Tag zustande brachten, war ein Brief an all unsere Verwandten und Freunde:

Liebe Familie, liebe Freunde,
wir haben in der Feindiagnostik diese Woche eine eindeutige, nicht zu leugnende Diagnose bekommen. Unser Baby ist nicht gesund. Bitte versteht, dass wir zum jetzigen Zeitpunkt keine näheren Aussagen dazu machen.
Wir teilen Euch dies mit, weil wir folgende Bitten haben: Bitte ruft uns nicht an, schickt keine E-Mails oder Briefe, kommt uns nicht besuchen etc. Bitte keinerlei Kontakt.
Wir brauchen jetzt Ruhe und melden uns wieder, wenn wir so weit sind.

Bitte respektiert diesen Wunsch.
Bitte betet für uns drei und denkt an uns.

Eure Constanze & Tibor

Das sollte unser Befreiungsschlag sein, denn unsere auf stumm geschalteten Handys vibrierten schon in rhythmischen Abständen über den Schreibtisch, weil viele Leute die glückliche Ankündigung meiner Schwangerschaft erhalten hatten und uns gratulieren wollten – hatten sie doch keine Ahnung davon, wie fern uns dieses Glück schon war, fern wie aus einem anderen Leben! Doch mir war es genauso wie Tibor unmöglich, ans Telefon zu gehen, wir konnten keine E-Mails beantworten, nichts Glück Vortäuschendes und auch nichts Unglück Ankündigendes sagen. Darum der Brief, den wir auch an unsere Freunde versandten, tags darauf per E-Mail.

Unser zweiter Befreiungsschlag war »Emmas Strandhütte« an der Ostsee – ich fand sie im Internet. Ein einfacher, aber geschmackvoll eingerichteter Bungalow in einer im Frühjahr noch einsamen Dauercamper-Anlage. Ich buchte für den übernächsten Tag, denn Einsamkeit und Weite schienen uns damals unsere am besten geeigneten Begleiter zu sein. Weil ich nicht wusste, was ich sonst tun sollte, packte ich schon mal ein paar Sachen zusammen. Dabei fiel mir mein rosarotes Mami-Album in die Hände, dass ich zu Beginn der Schwangerschaft so begeistert auszufüllen begonnen hatte. Verzweifelt warf ich es in die Ecke. Das war Vergangenheit, vorbei. Ich war keine Mami mehr. Ich war die Trägerin eines todgeweihten Kindes.

Abends rief ich Susel an. Sie war außer dem Pastorenehepaar in Hof und meinem Bruder Sebastian die Einzige, die von unserer Katastrophe wusste. Helfen konnte sie mir auch nicht. Viel später erzählte sie mir, dass sie damals in ihrer Verzweiflung über meinen Zustand mit der Pfarrersfrau in ihrem Dorf gesprochen hatte. Sie solle austragen, hatte die ihr auf den Weg mitgegeben, so viele Frauen seien unglücklich nach einer Abtreibung! Doch noch am Abend nach diesem Gespräch hatte sich die Pfarrerin telefonisch bei Susel gemeldet und ihre Äußerung zurückgenommen: »Mir steht so eine Meinung nicht zu«, hatte die Frau ihr gesagt, »diese Entscheidung kann jeder nur selbst treffen.«

Ich fühlte immer mehr, dass mir wirklich niemand helfen konnte, und Tibor ging es genauso. Zum ersten Mal in unseren Leben waren wir vollkommen auf uns allein gestellt.

Am nächsten Morgen waren wir wieder bei Professor Chaoui, zur Plazentaprobeentnahme oder *Chorionzottenbiopsie,* wie dies wissenschaftlich heißt. Es tat weh, verlief aber ohne Komplikationen. Tibor war jede Minute bei mir, er ließ meine Hand keine Sekunde los. Danach musste ich auf einem Bogen eine Frage beantworten:

Wollen Sie, dass Ihnen das Geschlecht des Kindes mitgeteilt wird?

Tibor und ich sahen uns an und nickten gleichzeitig. Wir mussten keine Sekunde lang nachdenken:

Ja

Nach spätestens vierundzwanzig Stunden würden wir einen ersten Kurzbefund bekommen, nach vier Wochen die ausführliche Analyse.

Zu Hause angekommen, versanken wir wieder in unserer Trauerdämmerung, bis nachmittags mein Handy vibrierte. Ich wollte zuerst nicht antworten, doch als ich die Nummer sah, dachte ich an die Praxis von Professor Chaoui und hob doch ab. Tatsächlich war die Humangenetikerin in der Leitung, mit der ich am Vortag aneinandergeraten war. Sie las mir sachlich und ohne jede Empathie aus dem Befund vor, als würde sie das Telefonbuch referieren, obwohl sie eine todtraurige und gleichzeitig eine freudige Nachricht zu übermitteln hatte: »Die Diagnose kennen Sie ja. Ich kann Ihnen aus dem Kurzbefund mitteilen, dass es kein Chromosomendefekt ist, keine Trisomie, keine erblich bedingte Schädigung.« Die Ärztin war kurz angebunden, ich dagegen war wie benommen: Wir konnten also weitere Kinder kriegen, unser Erbgut war in Ordnung!

Die Humangenetikerin wollte schon wieder auflegen, als ich aufschreckte und im letzten Moment in das Telefon rief: »Stopp! Bleiben Sie dran! Wir haben doch extra ›ja‹ bezüglich des Geschlechts des Kindes angekreuzt …«

Sie stutzte ungehalten, war genervt: »Moment, da muss ich noch mal nachsehen.«

Ich hörte Papiergeraschel, weil sie unsere Akte wohl längst auf die Seite gelegt hatte, und ich wusste, dass ihr die Antwort egal war – ganz im Gegensatz zu mir. Ich war stinksauer.

»Männlich.«

Sie sagte das ohne jede Betonung, als ginge es um eine Auskunft über eine Telefonnummer. Oder um ein sowieso sinnloses, weil todgeweihtes Wesen. Doch sind wir nicht alle todgeweiht?

Mein Herz machte einen gewaltigen Satz, sofort und ohne Vorwarnung. Ich kam gerade noch dazu, grußlos aufzulegen, denn ich musste plötzlich heulen und lachen und in die Höhe springen auf einmal.

»Tibor! Es ist ein Junge! Es ist ein Junge! Unsere Erdbeere ist ein Junge!«

Auch Tibor sprang auf, jubelte. Wir fielen einander in die Arme, heulten noch mehr. Von Anfang an hatte ich mir einen Jungen gewünscht. Ich weiß nicht, warum, aber das war von Beginn der Schwangerschaft an schon so gewesen, gefühlsmäßig, durch keine rationalen Überlegungen bestimmt.

Unser Ausbruch dauerte ein paar Minuten, dann lagen wir schon wieder im Bett, diesmal nicht verzweifelt, sondern überlegend: Wie sollte der Junge bloß heißen? Bis dahin hatten wir es noch nicht gewagt, unsere Ideen voreinander auszusprechen, aber nun war es so weit:

»Julius«, schlug Tibor vor, »und als Zweitname Felix.«

Er dachte wohl in jenem Moment nicht daran, dass das lateinische *Felix* »der Glückliche« heißt.

Was soll ich sagen? Ich war einverstanden, auf der Stelle. Julius Felix Bohg. So sollte unser Sohn heißen.

Doch dann hatte uns die Realität wieder, die andere Wirklichkeit: Wir saßen vor unseren Laptops und surften das Internet rauf und runter, ob wir irgendetwas fänden zu unserer Diagnose. Erfahrungsberichte, Heilungsmethoden, Einschätzungen, Foren – aber da war nichts. Also schrieb ich eine E-Mail an unser Pastorenehepaar in Hof:

Liebe Erika, lieber Watson,
es ist alles so sinnlos. Wir sind so sehr in einem Loch. Wir haben erfahren, dass wir einen kleinen Sohn haben. Das erfüllt uns mit so großer Freude. Und im gleichen Moment stürzen wir noch tiefer in die Verzweiflung. Eine Chromosomenstörung ist ausgeschlossen. Das wissen wir jetzt auch. Das heißt, so morbid das klingt – es gibt keine hundertprozentige Sicherheit, dass das Baby noch vor oder bei der Geburt stirbt. Also sind wir weiter ratlos.
Ich frage mich, was Gott wohl gedacht hat, als wir ihm in den letzten drei Monaten JEDEN Tag für das Baby gedankt haben und dafür, dass es gesund ist. Warum hat er es nicht gleich in dieser Zeit zu sich geholt?

Ich muss mich jetzt grad mal mental leeren, damit ich nicht durchdrehe.
Ich weiß, dass auch Ihr keine Antworten habt. Das ist ok.
Danke für Eure Gebete und Zuspruch.
Wir sind so unendlich traurig. So verzweifelt.

Eure drei Bohgs

Eure drei Bohgs. Das schrieb sich so leicht, so selbstverständlich, als wären wir immer schon zu dritt gewesen. Die Antwort kam umgehend:

Ihr lieben drei Bohgs,
ein Söhnchen ist es also!
Ihr habt recht! Antworten haben wir auch keine, aber wir wenden uns immer wieder an den, der alle Antworten hat. Dem tragen wir Eure Anliegen vor. Er wird Euch helfen in der Not.
Dass Ihr verzweifelt seid, ist in Eurer Lage verständlich, und wir hoffen, dass Ihr inneren Frieden findet. Auf die Frage »warum, Gott?« bekommt man in den seltensten Fällen eine Antwort, aber trotzdem … Er hat alles in der Hand.
Wir haben für Euch gebetet. Natürlich beschäftigen Euch die Gedanken: »Sollen wir ein behindertes Kind großziehen?« Das ist verständlich. Das würde uns genauso gehen.
Gott wird Euch Frieden geben über Eure Entscheidungen oder darüber, keine Entscheidungen zu treffen.
Das ist unser Gebet für Euch.
Wir sind auf jeden Fall dauernd in Gedanken und im Gebet bei Euch.

Wenn's mal zu schwer wird, dann schreibt Euch alles von der Seele. Das allein hilft oft auch schon.
Wir haben Euch so lieb!

Eure Erika

Das war eine schöne Antwort, die guttat und weh zugleich: Gut, weil ich wusste, dass außerhalb unserer dunklen Höhle Menschen waren, die in Liebe an uns dachten. Weh, weil mir wieder klarwurde, dass uns keiner dieser Menschen helfen konnte. Was hatte sich Gott nur gedacht bei alldem, wo wir doch jeden Abend alle unsere vier Hände auf meinen Bauch gelegt und gebetet hatten: »Du wachst über dem Baby.«

Kuckucksruf

Das Meer war für uns beide die Erlösung, zumindest fürs Erste. Wir waren nicht an die See gefahren, um uns zu entscheiden, nicht um zu diskutieren, nicht um zu einer Lösung zu kommen. Wir waren nur hier, um Luft zu holen. Um Kraft zu schöpfen, um weg zu sein aus unserer Tränenhöhle im Prenzlauer Berg. Das brauchten wir jetzt.

Wir traten auf unseren Rädern so lange gegen den Wind in die Pedale, bis ich nicht mehr konnte, und das passierte viel früher als vor meiner Schwangerschaft, wie ich erstaunt feststellen musste. Ich musste die ganze Zeit sehr aufrecht im Sattel sitzen, weil mich mein kleines Bäuchlein schon daran hinderte, wie üblich nach vorn gebeugt zu fahren. Sogar den obersten Knopf meiner Jeans ließ ich offen, weil mir so langsam alles ein wenig eng wurde.

Wir wanderten stundenlang über den Sandstrand, wir lagen in der auch hier oben schon kräftigen Maisonne und picknickten in den Dünen. Alles war wie mit einem matten Film überzogen. Es sah zwar schön aus, aber es war keine schöne Zeit, sondern ein verzweifeltes Durchatmen, ein besinnungsloses Entspannen. Immerhin hatten wir beide eine gute Zeit zusammen, weg aus dem Lärm der Stadt, weg von den vielen schwangeren Bäuchen, die sich mir auf meinen täglichen Wegen entgegenstellten.

Zum ersten Mal seit der schrecklichen Diagnose hatte jeder von uns Zeit für sich. Ich lag mutterseelenallein am Strand und schrie meinen Schmerz in den Wind und ins Meer hinaus. Ich schrie Gott an, aus voller Kehle. Ich versuchte, mit ihm zu ringen, doch es zeigte sich niemand. Ich versuchte mir einen Reim auf all das zu machen, was ich erlebt hatte, aber ich fand keinen – vielleicht, weil es keinen gibt. Mein Gottesbild war wie eine Statue auf den Boden gefallen und dort in tausend Teile zerborsten. Ich selbst lag zerbrochen am Strand, spürte nirgendwo Halt.

Warum?

Nur dieses eine Wort geisterte stundenlang durch meinen Kopf.

Warum? Warum wir? Nein, warum?

Ich fühlte, dass ich zumindest die Diagnose akzeptieren musste. Nun waren keine Wunder mehr zu erwarten, das wusste ich, keine Irrtümer. Hier war keine Hoffnung mehr, und leider trotzdem keine Gewissheit. Wir wussten nicht, ob Julius wirklich gleich stirbt nach der Geburt. Wir wussten nicht, ob das Flämmchen seines Lebens nur kurz aufflackern oder sich jahrelang, jahrzehntelang verzehren würde in Schmerz und Hilflosigkeit. Ich verstand die Eltern von behinderten Babys vollkommen, die sich diesen Fragen vielleicht nicht erst aussetzten, sondern sofort nach der gesetzlichen Bedenkfrist abtrieben.

Wenn auch Watson, Erika, Sebastian und Susel gesagt hatten, dass sie für uns beten würden, dass sie uns einschließen würden in ihre Fürbitten, so liefen nun auch diese gutgemeinten Vorsätze an mir vorbei. Betet, dachte ich, hofft, aber ich kann mir nicht die Knie wundbeten. Ich habe nicht die Kraft, jetzt die Superchristin zu spielen. Ich werde mein Schicksal annehmen und damit leben, dachte ich, oder ich werde das zumindest versuchen. Mehr, sagte ich zu mir selbst, schaffst du nicht.

Ich rang mit Gott in diesen Tagen. »Kannst du den Zwerg nicht einfach zu dir holen?«, fragte ich ihn. »Musst du uns in so ein Psychodrama hineinschicken?« Damals betete ich meistens noch auf Englisch, ich war das so gewohnt gewesen während der letzten Jahre, und so sprach ich auf Englisch mit Gott, an der Ostseeküste.

»God, can You not please take him back?«

»Am I not already preparing you for that?« War das eine Antwort von ihm gewesen, oder waren das meine Gedanken?

Ich fühlte mich wie Hiob, die Figur aus dem Alten Testament, der von Gott vor eine schwere Prüfung nach der anderen gestellt wurde, weil der Teufel Gott gegenüber behauptet hatte, dass Hiob nur gläubig sei, weil es ihm so gut gehe. Hiob hingegen beharrte auch im Leid auf seinem Glauben, doch er haderte auch mit Gott, er forderte ihn heraus, er suchte nach Schuld, er klagte an. Genauso fühlte ich mich auch, trotzig, anklagend, wütend. Das Buch Hiob war das Einzige, was ich während all dieser Wochen in der Bibel las. Es war die einzige Schrift, zu der ich Zugang fand, in der ich mich selbst wiederfinden konnte.

Ich zeterte und haderte und heulte jedoch nicht nur allein am Strand, ich war auch mit Tibor dort. Dann sahen wir aus wie ein durchschnittliches Urlauberpärchen, mit unserer Decke und unseren Wasserflaschen, wie wir einander liebkosten und uns einander nichts anderes als immer wieder den Namen unseres Kindes vorsagten: Julius Felix. Beide ertappten wir uns bei dem finsteren Gedanken, ob wir wirklich unsere beiden schönsten Namen verwenden sollten, auch wenn das Kind todgeweiht ist? Sollten wir die nicht für das nächste Kind aufheben? Für ein Kind, das leben wird? Beide schüttelten wir diesen Gedanken so schnell wieder ab, wie wir nur konnten. Natürlich würden wir diese beiden Namen nehmen, die besten, unsere liebsten Namen. Wir wollen diese Namen schließlich nicht irgendeinem Kind geben, sondern unserem Wunschkind.

Wir waren im Strudel unserer widersprüchlichen Gefühle gefangen, heillos darin verstrickt. Nein, es waren nicht die Gefühle, musste ich feststellen, es war der hilflos durch unsere Köpfe spukende Intellekt, der zu keiner fertigen

Idee finden konnte, zu keinem Entschluss. Aber das war nur der Intellekt, nur der, das fühlte ich. Mein Herz schrie laut dagegen an: In dir ist ein Mensch! Ein Baby! Dein Baby! Dein Sohn! Es tobte in mir wie mit Stimmen, ein Ringkampf, der nie verstummte, vor allem in den Nächten nicht, wenn ich mich schlaflos im Bett wälzte, ausgeliefert meinen rasenden Gedanken und dem Meeresrauschen und dem Wind, der draußen durch die Bäume vor dem Strand fuhr.

Am nächsten Morgen radelten wir durch ein Wäldchen, Tibor, schneller als ich, vorneweg. Unter dem schon dichten, frisch grünen Blätterdach bremste ich abrupt, weil ich den Kuckuck rufen hörte, so laut und nah wie schon lange nicht mehr.

»Horch, Julius, das ist der Kuckuck!«

Ich sah in die Baumkronen hinauf, konnte den Vogel aber nirgendwo entdecken. Nur seinen Ruf konnte ich hören, und den Nachhall meiner Stimme. Plötzlich fiel es mir wie Schuppen von den Augen: Du sprichst mit deinem Kind! Die Distanz ist weg! Das Nicht-mehr-schwanger-sein-Wollen ist weg! Ich musste lachen, über mich selbst und über meine Erkenntnis. Ich hörte noch einmal auf den Kuckucksruf, Tibor war inzwischen zu mir zurück geradelt und stand lauschend neben mir. Hatte ich eben eine wichtige Entdeckung gemacht? War mir etwas klargeworden?

Auch in Tibor schien sich in diesen Tagen ein Knoten zu lösen. Er streichelte mir wieder über den Bauch. Er redete wieder mit dem Baby, wie er das auch vor der Diagnose selbstverständlich getan hatte, mit seinem Kopf auf meinem Bauch. Er schien die Angst vor einer Bindung an unseren Sohn verloren zu haben. Als ich ihn darauf ansprach, sagte er mir auch, dass das so sei. Das waren schöne Gefühle, die uns hätten aufatmen lassen können, aber so weit waren wir noch nicht, denn in unseren Köpfen brannte eine Frage: Was sollten wir tun? Wir waren beide so verzweifelt und so wütend – vor solch eine Entscheidung sollte niemand gestellt werden! Wer sind wir denn, dass wir Richter über Leben oder Tod sein sollen? Wir konnten noch so schön radeln und am Strand liegen und aufs Meer schauen und wussten doch immer, dass diese Entscheidung gefällt werden musste, wie es weitergehen sollte mit unserem Kind. Doch so eine Entscheidung war noch lange nicht in Sicht, und so einer Entscheidung kamen wir auch am Meer nicht näher, in dieser schönen wie auch traurigen, in dieser zähen und auch ergebnislosen Zeit dort. Uns blieb nichts anderes übrig, als immer wieder unser Mantra aufzusagen:

»Wir schaffen das zusammen, in guten wie in schlechten Tagen.«

So hatten wir uns das einander versprochen, in unserem Ehegelübde. So sollte es jetzt auch kommen. So sollte es sein.

Zurück in der Tränenhöhle

In Berlin fanden wir uns sofort in der gleichen Mühle wie vor den Tagen an der See wieder: zwischen dem Spießrutenlauf durch einen der kinderreichsten und daher für uns ungeeignetsten Bezirke Deutschlands und dem Marathon durch alle nur denkbaren Beratungsstellen, im Internet und auch in der wirklichen Welt. Wir wollten einfach nur jemanden finden, der uns Informationen über die Krankheit unseres Sohnes geben konnte. Irgendjemanden, der sagt, ja, so einen Fall kenne ich auch. Wir stießen auf die ASBH, die »Arbeitsgemeinschaft Spina Bifada und Hydrocephalus«, doch zu unserem großen Erstaunen hatten die Leute dort noch nie diese Diagnose gehört. Wir wurden von einer Beratungsstelle zur nächsten weitergereicht, aber immer erfolglos. Wir stießen auf das Phänomen der »Anencephalie« – eine ähnliche Störung wie bei Julius, bei der allerdings viel klarer ist, dass das Baby ziemlich rasch nach der Geburt stirbt.

Über das Internet fanden wir in den USA ein Forum zu diesem Thema und kamen darüber mit einer Bewegung in Kontakt, die es bei uns in Deutschland in diesem Ausmaß noch nicht gibt – mit einem losen Zusammenschluss von Eltern mit schwerstbehinderten bis lebensunfähigen Kindern, die sich bewusst dazu entschlossen hatten, diese Kinder nicht abzutreiben, sondern auszutragen: sei es aus religiösen Motiven, aus Gewissensgründen oder aus dem Gedanken heraus, die eigene schwere Krise auf diese Weise am besten verarbeiten zu können. Stundenlang las ich in dazugehörigen Blogs, Erfahrungsberichten und Foren. An verschiedenen Stellen postete ich die Geschichte von Julius.

Darauf meldete sich zu meiner großen Überraschung eine Schweizerin, die vor vielen Jahren in der gleichen Situation mit einer anderen Diagnose gewesen war. Ihr Statement war ehrlich und liebevoll zugleich:

> *Kinderwagen und Schwangere zu sehen IST schlimm. Doch wenn du die Wehen frühzeitig einleiten lässt und Julius stirbt, dann wird der Anblick von anderen Schwangeren und Kinderwagen dadurch nicht erträglicher. Sehr wahrscheinlich wird es dann noch schlimmer sein. Denn Julius wird nicht mehr da sein.*

Für mich war dieser Kontakt Gold wert, denn über sie kam ich mit einer Amerikanerin in Kontakt, mit Susie. Die lebte damals in Neuseeland und hatte für ihren Sohn Joshua exakt dieselbe Diagnose bekommen wie wir für Julius: *occipitale Encephalocele.* Ich konnte es kaum fassen – die erste Mutter, deren Kind unter genau derselben Krankheit gelitten hatte wie Julius, treffe ich im Internet, und sie lebt exakt auf der entgegengesetzten Seite unseres Planeten! Susie schrieb mir viel von Joshua: Wie sie sich gleich nach der Diagnose entschieden hatte, das Kind auszutragen. Wie es ihr Sohn auf natürliche Weise lebend durch den Geburtskanal geschafft hatte, wie sie wenige Stunden nach der Geburt als Familie zusammen mit dem Neugeborenen nach Hause fuhren. Wie er drei Monate leben durfte, umsorgt von seinen liebevollen Eltern und seiner zwei Jahre alten Schwester. Auf dem Blog, den die Familie betreibt, konnte ich viele Bilder von Joshua sehen – mit einer Cele, die deutlich größer war als sein Kopf, stets von einem Verband geschützt und mit einer selbstgehäkelten Haube verpackt. Joshua starb nach 67 Tagen »und sieben Bonusstunden«, wie Susie geschrieben hatte, einen Tag nachdem die Cele geplatzt war.

Be strong & courageous. We're not afraid. Not discouraged. The Lord, our God, is with us.

Das steht als Motto über dem Blog der Familie.

Sei stark und mutig. Wir haben keine Angst. Wir sind nicht entmutigt. Der Herr, unser Gott, ist mit uns.

Ich bewunderte Susie und ihren Mann Matt für ihren Mut, den ich in mir bisher noch vergeblich suchte. Ich bestaunte ihre Entschlossenheit, schon ein Jahr nach Joshuas Geburt ein weiteres Kind zur Welt zu bringen – mittlerweile haben die Eltern schon vier Kinder, inklusive Joshua, dem sie einen so himmlischen wie selbstverständlichen Platz einräumen – genauso wie ihren drei auf Erden weilenden Töchtern. Ich war beeindruckt von dieser Familie, aber ich wusste nicht, ob ich deren Vorbild folgen durfte, konnte, wollte.

Wir befassten uns intensiv damit, was es bedeutete abzutreiben, ganz abgesehen von den psychischen Folgen für die Mutter – wir wollten es rein medizinisch gesehen wissen. Nach der zwölften Woche, die ich freilich längst hinter mir gelassen hatte, spricht man von »Spätabtreibung«, die oft »medikamentös« ausgelöst wird: Dabei schluckt die Mutter ein für den Embryo tödliches Präparat, wenn das nicht bei fortgeschrittenen Schwangerschaften direkt in das Baby injiziert wird, da das Kind den Abbruch sonst überleben würde. Eine andere Möglichkeit besteht darin, lasen wir schaudernd, die Blutzufuhr der Nabelschnur zu unterbinden, um den Fötus sterben zu lassen – oder zu töten, wie man das eigentlich nennen muss. Danach muss die Frau das tote Kind auf normalem Wege auf die Welt bringen, wie die Geburt eines lebendigen Kindes. Ich fand und finde diesen Gedanken unerträglich, aber ich wollte und will dieses Vorgehen nach wie vor nicht verurteilen – jede Frau muss mit sich ausmachen, ob sie das ertragen kann. Jede Frau muss ihre eigene Einstellung dazu finden, und jede Frau muss selbst wissen, ob sie mit ihrer Entscheidung ein Leben lang auskommen kann.

Wir waren dankbar, dass sich so gut wie alle aus unseren Familien und aus unserem Freundeskreis an das Stillschweigen hielten. Tibor und ich waren uns gegenseitig eine große Stütze, boten dem anderen zu jeder Tages- und Nachtzeit die Schulter zum Weinen. Wir beide waren unzertrennlich und so gut wie rund um die Uhr beisammen. Wir waren ein Herz und eine Seele, aber wir waren auch schonungslos offen zueinander, was uns nicht immer leichtfiel, weil wir dadurch nicht mit unserer Verzweiflung und auch nicht mit unserem Ärger hinter dem Berg bleiben konnten, was für den jeweils anderen manchmal schwer zu ertragen war. Als unsere Hauptaufgabe empfand ich damals aber weniger diese Ehrlichkeit als vielmehr unser schlichtes Funktionieren: dass wir alle Termine, die wir wegen unseres Kindes hatten, wahrnehmen, unsere Nachforschungen bezüglich der Krankheit vorantreiben, um zu einer Entscheidung über das Schicksal von Julius kommen zu können.

Oft fiel es mir schwer, so auf uns selbst zurückgeworfen zu sein, obwohl ich wusste, dass es das Beste für uns alle war. Trotzdem hatte ich mehrere Male das Telefon in der Hand, um meine Mutter anzurufen. Ein Knopfdruck hätte genügt, um die Verbindung herzustellen, und ich tat es jedes Mal nicht. Ich wusste, dass die verordnete Funkstille beiden Seiten Leid zufügte, aber ich konnte nicht anders. Ich wusste, dass sie mir nicht hätte helfen können. Ich wusste auch, dass ich sie mit meinen düsteren Gedanken und meiner Ratlosigkeit noch mehr beunruhigt hätte, als sie es sicherlich ohnehin schon war. Im Nachhinein rechne ich ihr hoch an, dass sie während der gesamten Zeit mitgelitten und trotzdem unseren Wunsch nach Zurückgezogenheit respektiert hat.

Wie sehr meine Nerven zum Zerreißen gespannt waren, merkte ich eines Tages, als Tibor wegen eines Bewerbungsgesprächs seit vierzehn Uhr in Berlin unterwegs war und auch am späten Nachmittag noch kein Lebenszeichen von sich gegeben hatte. Ich wählte seine Handynummer, unzählige Male tippte ich auf die Wahlwiederholung, doch er meldete sich nicht. Ruhelos lief ich in der Wohnung auf und ab, zwischen Heulen und Schimpfen, und wieder tippte ich auf die grüne Taste – nichts! Ich verlor mich in Selbstvorwürfen: Warum hatte ich ihn überhaupt gehen lassen? Hatte ich ihm nicht eindringlich genug gesagt, dass er noch keine Bewerbungsgespräche führen müsse, dass er den Termin verschieben solle – aber damit war ich nicht durchgekommen bei Tibor.

»Doch, ich mache das für uns«, hatte er einfach gesagt, »das ist für unsere Familie!«

Kann ein Mann ein großartigeres Statement abgeben in dieser Situation? Ich bewunderte ihn so sehr!

Als es auf den Abend zuging, war aber mein Stolz auf Tibor längst verflogen, und vor meinem inneren Auge tanzten nur mehr bedrohliche Bilder: von Rowdies zusammengeschlagene U-Bahn-Passagiere, Reste schauerlicher Verkehrsunfälle, Opfer brutaler Verbrecher. Als es kurz vor sieben war und ich ihn immer noch nicht erreicht hatte, verlor ich die Nerven. Wie ein Häufchen Elend saß ich da und wollte eben die Nummer der Firma wählen, bei der er sich beworben hatte, als er anrief. Überglücklich verkündete er am Telefon, dass er ein wunderbares Gefühl hatte und am Nachmittag anstelle eines Zweitgesprächs gleich einen Probetag hatte absolvieren dürfen. Im ersten Moment konnte ich mich nicht mal richtig freuen, sondern heulte drauflos wie ein Schlosshund, so dass Tibor gleich erschrocken nachfragen musste, was denn um Himmels willen passiert sei – und ich konnte nichts anders als stammeln: »Ich habe solche Angst, dich zu verlieren …«

Am nächsten Morgen saßen wir wieder vor unseren Computern und recherchierten, was das Internet hergab, immer noch auf der Suche nach näheren Informationen über die Krankheit unseres Sohnes. Über viele Ecken bekam ich Kontakt zu Noemi, einer Mutter in der Nähe von Stuttgart, deren Kind einen ähnlichen Defekt gehabt hatte wie Julius – *Anencephalie,* eine offene Schädeldecke. Noemi war die erste Mutter, mit der ich nicht E-Mails schrieb, sondern mit der ich tatsächlich sprechen konnte, wenn auch nur am Telefon. Ich war für sie eine wildfremde Frau, aber sie erzählte mir trotzdem zwei Stunden lang von ihrer Odyssee durch Arztpraxen und Krankenhäuser, an deren Ende sie sich entschieden hatte, nicht abzutreiben. Sie hatte das Gefühl, dass die Ärzte ihrem Sohn weniger halfen, ihn vielmehr als Forschungsobjekt betrachteten, weil dessen Krankheit sehr selten war, wenn auch lange nicht so selten wie die von Julius. Von ihr hörte ich zum ersten Mal ein neues Wort, das für uns viel Bedeutung bekommen sollte: *Palliation.* Das ist die Bezeichnung für eine Art von medizinischer Behandlung, deren wichtigstes Ziel nicht die Heilung einer ohnehin unheilbaren Krankheit ist, nicht die Wiederherstellung von Körperfunktionen, für die der Patient keine Voraussetzung mehr hat, sondern die beste Pflege eines Todkranken, die ihm ein möglichst schmerzfreies Weiterleben ermöglichen soll – oder einen möglichst sanften Tod. In der Palliativmedizin, das erfuhr ich von Noemi, geht es nicht ums Heilen, sondern ums Lindern von Schmerzen. Nicht um Forschung, sondern um Begleitung hin zu einem menschenwürdigen Sterben.

Ich horchte auf: Daran hatten wir bis zu diesem Telefonat noch nie gedacht! Bis dahin waren durch unsere Köpfe immer nur Schreckensbilder über Abtreibung und hochtechnisierte Intensivmedizin geflimmert. Wir hatten Gynäkologenstühle vor uns gesehen, Operationssäle, Intensivstationen und Hightech-Betreuung in kalten Krankenhausräumen – und nun gab es einen neuen Begriff zu entdecken.

Zusätzlich gab mir Noemi auch viele praktische Ratschläge: »Lebt so intensiv mit dem Zwerg, wie ihr nur irgendwie könnt, solange er noch da ist, egal, ob er noch im Bauch ist oder schon geboren. Wenn er geboren ist, dann macht so viele Fotos wie nur möglich, das werden eure wertvollsten Erinnerungsstücke sein. Nehmt die Handabdrücke von dem Kleinen, nehmt die Fußabdrücke – nehmt alles, was ihr bekommen könnt, am Ende wird euch wenig genug bleiben von eurem Kind.«

Kurzzeitig gab mir diese neue Aussicht wieder Kraft, doch die hielt nicht lange an: Schon Minuten später fand ich mich im Wohnzimmer kniend wieder, wimmernd.

»Mein Baby! Mein Baby!«

Wieder kam es mir vor, als würde mir jemand den Boden unter den Füßen wegziehen.

Tibor war eine Runde um den Block gegangen, um etwas Luft zu holen. Ich konnte nichts tun, außer mir das Hirn zu zermartern über sinnlose Fragen wie die, ob Gott wohl ein Wunder vollbringen könne? Ob er das machen wolle? An unserem Kind?

Am Nachmittag fuhren wir widerwillig zu H&M in der Schönhauser Allee, aber was blieb mir anderes übrig: Ich war im 4. Monat und bekam meine Jeans nur mehr über meinen Bauch, wenn ich den obersten Knopf offen ließ und ihn am Knopfloch mit einem Haargummi festzurrte, der eigentlich schon zu kurz war für diese Prozedur. Also gingen wir in die »Mama-Abteilung«. War das ein Spießrutenlauf für mich – all die glücklichen Gesichter zu sehen, die stolz vor sich hergetragenen Bäuche, das fröhliche Geplauder, die vielen Kinder an den Händen der Mütter. Und dazwischen wieder ich mit meinem geliebten, todgeweihten Julius unter dem gebrochenen Herzen!

Der Angriff

Instinktiv legte ich meine Hände schützend auf den eigenen Bauch, als ich, wie immer zusammen mit meinem Mann, einem neuen Arzt gegenübersaß – einem Neuropädiater oder Kinderneurologen im Virchow-Klinikum der Berliner Charité. Instinktiv fühlte ich eine Bedrohung, die von dem Ambiente in diesem Zimmer für Julius ausging, von dem riesigen Apparat um uns herum, den endlosen Gängen, Zimmerfluchten und Gebäudeansammlungen. Ich war durch und durch verkrampft und überlegte, wie sich diese Anspannung wohl auf Julius auswirken würde? Während wir noch auf den Arzt warteten, legte auch Tibor seine Hände auf meinen Bauch und redete mit seinem Sohn:

»Keine Angst, Kleiner, dir passiert hier nichts, wir wollen nur dem Doktor ein paar Fragen stellen …«

Wir waren in das Sozialpädiatrische Zentrum der Klinik gekommen, um mehr darüber zu erfahren, wie unser Leben mit Julius aussehen könnte, wenn er denn eine Geburt überleben sollte.

Die Antworten fielen jedoch alles andere als befriedigend aus: Der Arzt erzählte uns, dass er zwar schon seit fünfzehn Jahren hier arbeite, aber noch nie eine solche Diagnose gesehen habe. Als wir ihn fragten, wie denn die ersten Tage unseres Sohnes nach einer Geburt aussehen würden, ob man hier wählen könne, ob man palliativ oder intensivmedizinisch weiterbetreut würde, schüttelte der Mediziner nur den Kopf: »Wir würden in der neunundzwanzigsten Woche einen Kaiserschnitt machen und uns dann erst mal das Kind ansehen …«

Spätestens in diesem Moment ging in mir eine ganze Reihe von Alarmglocken los – es ging hier also vor allem um die Erforschung einer fast unbekannten Krankheit. Doch wozu sollte das gut sein, wenn das Kind todgeweiht war?

Hier musste der Arzt zugeben, dass er das nicht genau sagen könne. Er sprach davon, dass man das ausgetretene Gehirn und Rückenmark eventuell operativ zurück in den Schädel schaffen und den mit einer Platte verschließen oder dass man auch noch unbekannte Behandlungsmethoden ausprobieren könne, aber dass in jedem Fall wohl eine schwere oder schwerste Behinderung bleiben würde …

Mir gelang es nur unter Aufbietung aller meiner Kräfte, mir all die chirurgischen Horrorszenarien in Ruhe anzuhören, wobei es mich kaum auf meinem Stuhl hielt.

»Aber wenn wir unser Kind, wenn es eigentlich ohne Überlebenschance ist, nur palliativ behandeln lassen wollen?«

Der Arzt runzelte die Stirn.

»Das kann ich Ihnen nicht garantieren, Frau Bohg, dass wir das leisten können. Ich kann nicht garantieren, dass im Moment nach der Geburt nicht jemand mit dem Neugeborenen in die Intensivstation läuft und etwas versucht, um dem Kind nach bestem Wissen und Gewissen zu helfen …«

Mehr musste er nicht sagen, um in mir die entsprechenden Bilder zu erzeugen: Wie ich als Frau in einem Kreißsaal liege und das Kind wird mir weggenommen und an Schläuche gehängt und auf einen Operationstisch verfrachtet und von Ärzten begutachtet und … Hier versagte mir meine eigene Vorstellung, und ich wollte nur noch fort von hier. Ich saß aber weitere fünf Minuten da und hörte mir die Ausführungen des Arztes an, nur aus Höflichkeit. Ich wusste in diesen Momenten längst, dass ich mich gleich verabschieden und nie mehr wieder in meinem Leben einen Fuß in diese Klinik setzen würde. Ich wusste, dass das nicht der Weg war, den ich mit Julius gehen wollte. Ich wusste, dass wir nicht in die Wissenschaft eingehen, sondern dass wir Julius ein Leben in Frieden bieten wollten, wie lange auch immer dieses Leben sein würde.

Noch benommen von den bedrohlichen Aussichten liefen Tibor und ich Hand in Hand aus den neonbeleuchteten Gängen des Klinikums in den wunderschönen Maitag hinaus, um uns erst einmal auf eine Bank unter einem prächtigen alten Baum im Park der Klinik fallen zu lassen. Wir waren wütend, traurig, und wieder ganz am Anfang: Eine palliative Betreuung unseres Kindes, die sein Leben einfach so lassen sollte, wie es war, gab es hier nicht. Wissen über seine Krankheit – gab es nicht. Hoffnung auf eine Heilung – nicht vorhanden. Eine Abtreibung erschien uns als ungeheuer brutale Maßnahme, vor der wir Angst hatten. Was sollten wir nur tun?

Stumpf blieben wir einfach im Park des Virchow-Klinikums sitzen und ließen das geschäftige Treiben um uns herum vorbeiziehen wie einen breiten Strom: die eiligen Ärzte, die Krankenschwestern auf Rauchpause, die noch unsicher ans Sonnenlicht tapsenden Patienten, der stete Strom von besorgt wirkenden Besuchern. Wir betrachteten all das, teilnahmslos und unfähig, uns in dieses Treiben einzureihen. Stunde um Stunde verging.

In meiner Verzweiflung griff ich nach meinem Handy und tippte die Nummer von Frau Fricke ein, unserer Psychologin vom »Sozialdienst katholischer Frauen«, doch ich bekam nur die Stimme eines Anrufbeantworters zu hören. Resigniert legte ich auf. Wieder verstrich die Zeit so zäh wie Honig, bis ich noch einmal das Telefon zur Hand nahm, um eine E-Mail zu schreiben:

Hallo Frau Fricke,
wir sind gerade aus dem Gespräch mit dem Neuropädiater gekommen und total am Ende. Sind wieder bei null mit unserer Entscheidungsfindung. Gibt es irgendeine Möglichkeit, noch heute zu kommen? Wir sind am Ende im Kopf. Hatte es grad schon telefonisch probiert, aber nur den AB dran.
Danke

C. Bohg

Danach verfasste ich noch eine E-Mail, diesmal an unser Pastorenehepaar aus Hof, an Erika und Watson:

Sind heute beim Neuropädiater gewesen, der alle (!!) Babys mit so ähnlichen Befunden wie unseren in den letzten fünfzehn Jahren in Berlin gesehen und betreut hat. Einen so komplizierten Befund hat er in all den Jahren nicht gesehen. Kann er ja auch nicht – er hat ja nur die Babys zu Gesicht bekommen, die Überlebenschancen hatten und nicht abgetrieben worden sind.
Wir sind wieder bei null angekommen. Sitzen stumpf im Park seit Stunden auf einer Bank. Alles tot im Kopf. Nicht in der Lage zu denken, schon gleich gar nicht fähig, etwas zu entscheiden.
Das Baby wäre auf jeden Fall gelähmt, ist nur die Frage, ab wo. Ist doch zum Kotzen. Wir hatten gehofft, er sagt uns heute, dass solche Babys bei der Geburt sterben. Das wäre aber nur so, wenn der Teil vom Gehirn defekt ist, der für Atmung zuständig ist. Oder wir verbieten den Ärzten, dass sie den Kopf nach der Geburt zumachen, und lassen es zu einer Infektion kommen. Toll, oder?
Unser Leben ist irgendwie grad zu Ende. Wir wollen kein schwerstbehindertes Kind. Aber soll ich jetzt in

die Klinik und die Geburt einleiten? Damit wir sicher sein können, dass er bei der Geburt stirbt? Es gibt keine Alternative, die machbar scheint. Wir sind am Ende. Aber diesmal richtig.
Und nun?

Weil die Antworten nicht sofort kamen, blieb uns nichts anderes übrig, als uns von unserer Bank loszureißen und den Tag weiter dahinzuexistieren, auch wenn wir nicht die geringste Lust darauf verspürten und auch keine Ahnung hatten, was wir anfangen sollten mit diesem strahlenden Frühling. So setzten wir uns einfach in die U-Bahn Richtung Prenzlauer Berg. Noch unterwegs erreichte uns eine zumindest tröstliche E-Mail der Psychologin – mit einem Termin für acht Uhr morgens, am folgenden Tag. Vor mir stand nun ein neues Problem: Wie sollte ich bloß die nächste Nacht überstehen?

Meine Nerven lagen genauso blank wie die von Tibor. Hinter uns lag ein schwarzer Tag, vor uns stand eine Wand, die wir nicht überwinden konnten. Der Tag kam näher, das wusste ich, an dem ich unseren Sohn auch körperlich spüren, an dem ich seine Bewegungen fühlen würde. Diesem Tag, auf den sich vermutlich jede andere Mutter freut wie auf keinen anderen, sah ich mit Angst und Schrecken entgegen – weil ich wusste, dass ich dann erst recht nicht mehr unbefangen entscheiden könnte. Ich wusste, dass meine Bindung zu Julius dann noch stärker würde, als sie es ohnehin schon war, und ich hatte Angst davor, ihm erst dann sozusagen gegenüberzutreten, um über sein Leben oder seinen Tod zu entscheiden. Hatte ich dieses Recht überhaupt?

Es war eine laue Mainacht, die Stadt dampfte die Hitze des Tages aus. Unsere Fenster standen offen, von der Straße war ein vielstimmiges Konzert aus Stimmen, Gelächter,

Autoverkehr und Musik aus der Kneipe in unserem Haus zu hören. Wir lagen nebeneinander im Bett, doch an Schlaf war nicht zu denken. Beide waren wir traurig, aufgewühlt, rastlos. In dieser Nacht schlug unsere Unruhe nach und nach in Aggression um, und wir begannen zu streiten. Ich weiß gar nicht mehr, worum der Streit eigentlich ging, ich weiß nur noch, dass ich plötzlich aufsprang, mich wieder anzog und mich grußlos und mit Türenknallen aus der WG verabschiedete. Nur mit dem Schlüssel und dem Handy lief ich auf die Straße hinunter. Die lag nun – es war lange nach Mitternacht – ziemlich ruhig da. Ich weiß nicht mehr, wohin ich gehen wollte. Ich kann mich nicht mehr erinnern, was mir durch den Kopf schoss. Ich weiß nur, dass ich mechanisch und voller Wut die Straße entlanglief, nur um zu laufen. Ich wollte nur fort, als könnte ich so allen Problemen entfliehen.

Auch Tibor war auf die Straße hinuntergelaufen, auf der Suche nach mir, wie er mir später erzählte. Er fand mich aber nicht, weshalb er mir eine SMS schickte. Es dauerte eine Zeit, bis ich ihm antworten konnte, und dann schrieben wir ein paar Mal hin und her. Wir stritten auf diese Weise weiter wie pubertierende Teenager, bis ich ihn irgendwann doch anrief.

»Wo bist du?«, fragte ich resigniert ins Telefon.

Wir trafen uns schließlich ganz in der Nähe, auf dem Teutoburger Platz, und diskutierten dort auf einer Parkbank weiter. Wir stritten und heulten und schrien uns gegenseitig an, bis es Tibor zu viel wurde und er aufsprang und davonlief. Ich blieb noch kurz sitzen, ausgelaugt und verzweifelt, doch dann eilte ich ihm nach, so schnell ich konnte.

»So geht es nicht weiter«, rief ich ihm hinterher, »wir müssen zusammenhalten.«

Wir waren schon am Zionskirchplatz, als unsere aggressiven Energien langsam verebbten. Wir konnten wieder ruhig miteinander reden und einander um Entschuldigung bitten.

»Lasst die Sonne nicht über eurem Zorn untergehen«, murmelte ich, da mussten wir beide wieder lächeln, ging es doch vielmehr darum, dass die Sonne nicht über unserem Zorn aufgehen möge, denn überall regten sich schon die Vogelstimmen, und die Häuserfassaden traten aus dem stumpfen Licht der Straßenlaternen in das verheißungsvolle Zwielicht eines neuen Tages. Nun konnten wir nicht anders, als uns zu umarmen und loszuheulen und uns wieder versöhnt auf den Heimweg zu machen. Ein Blick auf die Uhr sagte uns, dass wir höchstens zwei Stunden Schlaf tanken konnten, bevor wir gegen halb acht Uhr morgens wieder rausmussten, zu unserem Termin mit Frau Fricke. Wenn sie doch nur tags zuvor Zeit für uns gehabt hätte!

Doch ich glaube, der Streit hatte auch sein Gutes – hatte er doch die Luft zwischen uns gereinigt und uns gezeigt, dass wir im Herzen einander verbunden waren. Wir wussten nun, dass wir uns selbst in dieser absolut hoffnungslosen Situation wieder die Hände reichen und gemeinsam den neuen Tag beginnen können – ein sehr großes Geschenk in dieser dunklen Zeit.

Viereinhalb Wochen

Der Schlaf stand uns noch in den Augen, als wir, keine drei Stunden später, um halb acht am gleichen Morgen auf unsere U-Bahn warteten. Wir fuhren zu unserem ersten Termin bei Frau Fricke, nachdem wir sie vor nur zwei Wochen bei der Pränataldiagnostik kennengelernt hatten. Zwei Wochen, die mir vorkamen wie eine halbe Ewigkeit, so viel hatte sich seitdem getan – zwar nicht unbedingt um mich herum, aber in mir. Zwei Wochen, in denen mein komplettes Weltbild, mein Glauben, meine Zuversicht, mein Optimismus und auch mein Selbstbewusstsein so radikal auf den Kopf gestellt wurden, wie ich mir das niemals hätte träumen lassen.

Früher hatten Tibor und ich einander immer wieder bestätigt, wie schnell die Zeit vergehe. Wir hatten darüber gescherzt, wo nur der eben erlebte Tag hingegangen sei, der vergangene Monat, das Jahr, doch seit der Diagnose waren uns diese Sätze nicht mehr über die Lippen gekommen. Seit der Diagnose lief unsere neue Zeitrechnung, die sich an nur zwei Fixpunkten orientierte: vor Julius und mit Julius, das war der erste Schnitt. Vor der Diagnose und nach der Diagnose, das war der zweite Schnitt, und er kam mir noch viel einschneidender vor als der erste. Seit der Diagnose lebten wir noch bewusster als zuvor, jeden Tag, jeden Moment, und das bis heute. Seit der Diagnose habe ich das Gefühl, alles viel intensiver zu erleben, im Guten wie im Schlechten. Ich genieße das Schöne stärker, und mir tritt die Trauer näher als je zuvor. Seitdem lebe ich mit Haut und Haar, weil meine Zeit mit Julius mir vom allerersten Tag meiner Schwangerschaft an so rar und daher so wertvoll war, dass ich mir keine Verschwendung mehr leisten wollte.

Die Zeit bei der Psychologin sollte ebenfalls alles andere als verschwendet sein: Jede Woche gingen wir von nun an zu ihr. Jeden Dienstag um acht Uhr morgens saßen Tibor und ich ihr an dem kleinen Couchtischchen gegenüber und erzählten von uns. Daraus bestand unser Treffen im Wesentlichen: Wir redeten uns unseren Kummer von der Seele, ohne Hemmungen und ohne Zensur, und sie hörte zu, kommentierte hier und da ein wenig und ordnete unsere wild um sich wirbelnden Gedanken, mehr nicht. Wir sagten ihr, dass wir nur im Bett liegen und heulen.

»Das ist in Ordnung so.«

Wir sagten ihr, dass wir nichts auf die Reihe bekommen momentan, dass wir verloren sind in unserem Schmerz.

»Sie beide haben eine Beziehung zu Ihrem Kind aufgebaut. Tagtäglich suchen Sie den Kontakt mit Julius, um seine Lebenszeit intensiv mit ihm zu erleben und zu genießen. Dabei wird Ihnen gleichzeitig bewusst, dass Sie ihn wieder hergeben müssen. Ist es verwunderlich, dass Sie Schmerz und Trauer empfinden?«

Wir berichteten von der Isolation, in die wir gegangen waren, von unserer Kontaktsperre sogar den engsten Familienmitgliedern gegenüber.

»Wenn Sie diesen Abstand benötigen, er sich für Sie richtig anfühlt, um sich möglicherweise auch zu schützen, dann ist das in Ordnung so.«

Das war überhaupt der wichtigste Satz, den wir von ihr hörten, immer wieder.

»Das ist in Ordnung«.

Wir erzählten ihr, dass wir uns wieder bei null angekommen fühlten, völlig am Boden.

»Das ist sicher frustrierend für Sie, aber es ist auch ein normaler Prozess. Die Verarbeitung der Trauer verläuft spiralförmig und nicht linear. Das bedeutet, dass man wieder in alte Gefühlszustände, die man schon längst überwunden glaubte, zurückfällt. Aber ich kann Sie beruhigen, die Rückfälle werden immer weniger werden.«

Seelenruhig saß sie da und fand, was immer wir ihr sagten, immer das Gute und das Richtige daran.

»Ich höre oft von Druck von außen, der wie Anfechtungen erlebt wird«, erzählte uns Frau Fricke dann, »denen die Paare in der Entscheidungsphase ausgesetzt sind. Dann sagen die Großeltern: ›Warum quält ihr euch so lange herum? Trefft doch endlich eine Entscheidung!‹ Doch es ist nicht sinnvoll, eine überstürzte Entscheidung zu treffen, nur weil man möglichst schnell aus dem unangenehmen Spannungszustand der Ambivalenz herauswill. Jedes Paar muss mit seiner Entscheidung leben. Daher ist es wichtig, sorgsam vorzugehen, um zu einem tragfähigen Entschluss zu kommen, den Sie möglichst auch noch Jahre später vor sich vertreten können.«

Doch noch war die Zeit der Entscheidung nicht gekommen, noch herrschte die Zeit des Klagens, des Schuldbewusstseins und der Selbstzerfleischung. Ich berichtete von den für mich unbeantwortbaren Fragen, die mir Nacht für Nacht wie von einem großen, ekelhaften Monster entgegengeschleudert wurden:

Hast du Schuld? Hast du etwas falsch gemacht? Stimmt etwas nicht mit deinen Genen? Hast du zu spät mit der Folsäure angefangen? Hast du nicht gesund genug gelebt?

»Sie können nichts dafür. Es ist nichts, was Sie oder Ihr Mann getan oder nicht getan haben. Sie trifft keine Schuld!«

Damit sprach die Psychologin eine große Sache sehr einfach aus. Eine große Sache: Wir waren unschuldig. Eine große Sache, an der ich mir immer noch die Zähne ausbiss, sosehr ich mich auch anstrengte, das nicht zu tun.

Hättest du das Antibiotikum nicht nehmen sollen zu Beginn der Schwangerschaft? Bist du zu gestresst gewesen? Hätten wir noch warten sollen?

Die Stimmen waren nicht wegzudiskutieren, das war das Schlimme. Kein Arzt, mit dem ich bis dahin gesprochen hatte, konnte mir sagen, warum mein Sohn ein Loch im Kopf hatte. Keine noch so spezialisierte Seite im Internet konnte mir Auskunft darüber geben, warum die Krankheit ein Kind trifft und eine Million anderer Kinder nicht. »Es ist eine Laune der Natur« – das hatte mir Professor Chaoui noch mit auf den Weg gegeben. Das war für mich immerhin eine neutrale Erklärung, denn für die Launen der Natur fühlte ich mich nicht persönlich verantwortlich. Eine zufriedenstellende Erklärung war das aber trotzdem nicht für mich: Mein Kind sollte nichts sein als eine Laune der Natur? Das konnte ich mir beim besten Willen nicht vorstellen. Etwas so Wertvolles wie ein Mensch sollte bloß eine Laune sein? Damit wollte ich mich nicht abfinden. Wahrscheinlicher kam mir der Gedanke vor, dass Julius dem Willen Gottes entsprach. Nur – warum hatte er ausgerechnet ihm diese Prüfung auferlegt? Warum ausgerechnet uns? Tausenden und Abertausenden Eltern schenkte er gesunde Kinder, auch denen, die sich nicht genug um sie kümmern, aus welchen Gründen auch immer, deren Mütter während der Schwangerschaft rauchen, Alkohol trinken, Drogen nehmen – und wir, ausgerechnet Tibor und ich, die wir alle unsere Kraft und alle unsere Liebe in dieses Kind legen wollten, ausgerechnet uns strafte er mit einer infausten Diagnose? Das konnte ich nicht verstehen, und das sagte ich auch unserem Gegenüber.

Die Psychologin hörte uns immer weiter zu, bis sie in unseren Tränenstrom, in unser offensichtliches Leid hinein sprach: »So wie ich Sie beide hier heute sehe, werden Sie noch ein, zwei Wochen, vielleicht noch ein paar Tage mehr mit sich ringen, und dann werden Sie zu Ihrer Entscheidung gekommen sein.«

Ich riss die verweinten Augen auf und starrte sie an, fassungslos, ohne etwas sagen zu können, und Tibor ging es nicht anders. Frau Fricke ließ sich jedoch nicht aus der Ruhe bringen.

»So, denken Sie …«, entfuhr es mir, »wir grübeln ja schon zwei Wochen, aber wir haben nichts. Wie sollen wir dann in zwei Wochen zu einer Entscheidung kommen? Wie sollen wir in einem Monat zu einer Entscheidung kommen? Wie soll uns das je gelingen?«

Ich konnte mir keine Entscheidung vorstellen, in diesem Moment, und ich konnte mir auch keinen Weg dahin vorstellen, doch die Psychologin blieb bei ihrer gelassenen Zuversicht.

Die Beratung war schon fast vorbei, als mir noch eine letzte Frage einfiel: »Kennen Sie ein Krankenhaus in Berlin, wo Neugeborene wie unseres palliativ behandelt werden?«

Zu meiner Überraschung musste Frau Fricke keinen Moment nachdenken über ihre Antwort – die kam wie aus der Pistole geschossen: »Rufen Sie Dr. Michael Abou-Dakn an, den Chefarzt der Gynäkologie im St. Joseph Krankenhaus, und machen Sie einen Termin mit ihm aus. Richten Sie ihm schöne Grüße aus von mir«, fügte sie noch hinzu, »er wird Sie gut beraten.«

Ich nickte. Das klang nach einem handfesten Ratschlag in einem Meer von Unsicherheiten, Fragen und Ungewissheiten. Wir hatten die Stunde, die unsere Beratung dauern sollte, längst überzogen, ohne dass uns das aufgefallen wäre. Nur mühsam konnten wir uns losreißen und verabschieden. Ratlos und doch getröstet verließen wir das Büro, das in einer normalen Erdgeschosswohnung in einem normalen Berliner Mietshaus untergebracht war, so unspektakulär wie einfach. So sympathisch, als wäre man bei Freunden in der Wohnung eingeladen gewesen.

Nachdenklich gingen wir unter blühenden Bäumen Richtung U-Bahn, mit den Gedanken weit weg von den Freuden dieses wieder einmal perfekt strahlenden Frühlingstages. Noch zwei Wochen, hatte sie gesagt, das hallte in meinem Kopf nach.

»Das kann ich mir beim besten Willen nicht vorstellen«, sagte Tibor.

Ich sah meinen Mann an: »Ich auch nicht.«

Es war eine Vorstellung, die noch zu weit weg war für uns, damals, unter den blühenden Bäumen.

Listen

Noch am selben Tag rief ich im St. Joseph Krankenhaus an, und tatsächlich bekam ich einen Termin beim Chefarzt der dortigen Gynäkologie und Geburtshilfe – allerdings nicht sofort, sondern erst in der nächsten Woche. Danach gingen wir wieder los, um ein paar Besorgungen zu machen, unter anderem auch in einer großen Buchhandlung. Als Tibors Telefon dort klingelte, wollte er zuerst nicht rangehen, doch ich drängte ihn dazu – vielleicht hatte es mit seinen Bewerbungen zu tun. Tatsächlich war das der entscheidende Anruf: Seine zukünftige Chefin war am Apparat, Tibor hatte seinen Job als Frontend-Developer bei einem großen Berliner Radiosender in der Tasche. Gott sei Dank sollte er erst am 1. Juli anfangen – also blieb uns noch Zeit zum Nachdenken, zum Trauern, zum Wohnungsuchen. Aber erst einmal hieß es umarmen, feiern. Und später dann auch losheulen, was zu der Zeit bei uns zu jedem Ereignis automatisch dazuzugehören schien. Zu Hause köpften wir eine Flasche Kindersekt zusammen mit den anderen Bewohnern der WG, denn ich trank nach wie vor keinen Alkohol. Ich aß auch keine Süßigkeiten, trank keinen Schwarztee und versuchte mich mit viel Obst und Gemüse gesund zu ernähren. Wozu eigentlich, fuhr es mir ab und an durch den Kopf – es war ein Gedanke, den ich jedes Mal zornig zur Seite schob: Hatte Julius nicht das Recht, das Beste an mütterlicher Fürsorge zu bekommen, das ich ihm bieten konnte?

Dass auch ich selbst Behandlung brauchte, hatte ich vergessen. Das fiel mir wieder ein, als ich meinen nächsten Routine-Frauenärztin-Termin hatte, zur Schwangerschaftskontrolle. Bezüglich Julius gab es nicht viel zu kontrollieren, was traurig genug war, aber die Ärztin konnte wenigstens nachsehen, ob mit mir alles in Ordnung war: Eisenwerte, Blutdruck, diese Dinge eben.

Als wir in die Praxis kamen, sah ich, wie die Schwester uns mit traurigen Augen ansah. Dieses Mitgefühl rührte mich, genauso wie ihre Frage: »Haben Sie sich schon entschieden?«

Nein, hatten wir nicht.

»Familie Bohg bitte zur Untersuchung!«

So rief die Ärztin meinen Mann und mich auf, und schon standen auch mir die Tränen in den Augen. Wenigstens konnte ich damit keine werdenden Mamas verschrecken, denn die Ärztin hatte unseren Termin vernünftigerweise so gelegt, dass zur selben Zeit keine anderen Schwangeren in ihrer Praxis waren.

»Familie Bohg!«

Wie schön das immer noch klang, wie zuversichtlich und wie komplett – und doch: wie traurig, mit einem todgeweihten Familienmitglied!

Die Ärztin sprach sehr verständnisvoll mit uns, sie erzählte sogar von sich selbst, von eigenen Schicksalsschlägen, was alles andere als selbstverständlich ist während einer Sprechstunde.

»Frau Bohg«, sagte sie dann, »wenn Sie meine Tochter wären, würde ich Ihnen raten, die Schwangerschaft abzubrechen.«

Damit war die angenehme Stimmung für mich wie mit einer Handbewegung weggewischt. Ich glaube, mir entglitt das Gesicht.

»Wie bitte?«

»Was Sie Ihrem Körper, Ihrer Psyche zumuten, das müssen Sie sich gut überlegen …«

Sie meinte das liebevoll, fürsorglich, aber so kam es bei

mir nicht an, denn ich merkte, wie in mir alles um mein Baby kämpfte, wie ich wütend wurde auf die Ärztin. Ich hatte das nicht vor, ich war mir dessen nicht einmal bewusst, es passierte einfach.

Ich sammelte mich und erwiderte halbwegs freundlich: »Das ist mein Kind, und über das Kind werde ich entscheiden, niemand sonst. So weit bin ich aber noch lange nicht …«

Die Frau ruderte sofort zurück, stammelte etwas von »selbstverständlich« oder »das ist natürlich klar«, ich kann mich nicht mehr genau erinnern. Ich war zu aufgebracht, um ihr genau zuzuhören. Ich glaube, sie entschuldigte sich sogar, und wir brachen auf, da unsere Sprechstunde ohnehin schon zu Ende war.

Unten auf der Straße fragte ich Tibor, wie er meine Reaktion empfunden hatte. Der musste lächeln.

»Du warst wie eine Löwin, die ihr Junges schützen wollte.«

Mir wurde auch durch diesen Vorfall immer klarer, wie stark meine Muttergefühle schon waren. In solchen Momenten dachte ich, dass ich mich emotional schon entschieden hätte, wenn nur nicht der Kopf ständig arbeiten würde. Wenn der nicht ständig neue Bedenken, Sorgen, Ängste und mögliche Katastrophen wälzen würde. Kurz dachte ich daran, Tibor zu fragen, ob er schon so weit war – doch ein Blick auf ihn reichte mir, um zu wissen, dass davon noch keine Rede sein konnte.

Ganz im Gegenteil: Wir hatten immer wieder lange Stunden, in denen wir die am schwersten erträglichen Dinge wälzten: Stell dir vor, das Kind überlebt. Es atmet, es macht die Augen auf, es hat einen Herzschlag … Was ist dann? Behandeln wir es wie ein gesundes Baby? Lassen wir dann alle medizinischen Apparate auffahren? Ich bin an und für sich ein ziemlich rationaler Mensch. Ich bin gewohnt, Entscheidungen aufgrund von Fakten zu treffen – aber offensichtlich galt das nur bis zum Ende der alten Zeitrechnung. Offensichtlich galt das nur für den Zeitraum »vor Julius«.

Jetzt, mit ihm, so viel war mir klar, würde das nicht so funktionieren mit der üblichen Entscheidung nach Faktenlage. Einerseits, weil die Fakten so unübersichtlich waren. Andererseits, weil Julius mehr war als ein Faktum.

Irgendwann merkten wir, dass wir uns im Kreis drehten mit unseren Gedanken. Da wir nun eine ganze Woche keine Arzttermine hatten, beschlossen wir, es zur Abwechslung mit Alltag zu versuchen, denn es war höchste Zeit, auch mal wieder Wäsche zu waschen, unsere Zimmer aufzuräumen und sich um ein paar Dinge wie Umzugsorganisation und eine neue Wohnung zu kümmern – beinahe hatten wir vergessen, dass das Leben während der letzten Wochen auch außerhalb unserer Tränenhöhle weitergegangen war, und schließlich wollten wir längst nicht mehr in der WG sein, sondern in unseren eigenen vier Wänden. Wir hatten geplant, spätestens sechs Monate nach Ankunft in Deutschland unser neues Nest bezogen zu haben.

Am Montagmorgen – drei Wochen nach der Diagnose – überkam mich eine unendlich große Sehnsucht danach, meinen Sohn wieder sehen zu wollen.

Ich sagte Tibor, dass es nun, in der siebzehnten Schwangerschaftswoche, auf dem Ultraschall schon um einiges mehr zu erkennen gebe – und dass meine Hoffnung, alles könnte sich irgendwie aufgelöst haben, noch nicht verloschen sei.

Ich rief in der Pränataldiagnostik-Praxis an, wissend, dass Termine spontan sehr schwer zu bekommen waren. Die freundliche Dame am Telefon sah sofort nach, ob wir noch einmal zum Ultraschall kommen könnten, und sagte fast freudig: »Haben Sie ein Glück, Frau Bohg! Gerade eben ist ein Termin abgesagt worden, da schiebe ich Sie hinein. Kommen Sie um fünfzehn Uhr heute Nachmittag.«

Wir waren baff! Ich glaube nicht an Zufall, ich dankte Gott für dieses Wunder.

Diesmal saß wieder Frau Dr. Sarut López am Ultraschallgerät. Alles war wie gehabt, allerdings wesentlich deutlicher: Julius hatte alles in allem normale Werte, doch sobald es um seinen Kopf ging, lagen alle Parameter außerhalb jeglicher Norm – er war viel zu klein, und aus dem Hinterkopf wuchs eine Ausbuchtung heraus, die da nicht hätte sein dürfen. Darüber hinaus konnten wir alles genau sehen bei unserem kleinen Jungen – die Ärmchen, die Beinchen. Die kleinen Finger, die Ohren, die Füßchen. Ich empfand Ehrfurcht beim Anblick des ungeborenen Lebens. Ich fand es nicht nur unglaublich, wie perfekt wir unser Baby sehen konnten, sondern auch, wie perfekt es aussah. Ich empfand Ehrfurcht vor diesem Menschlein, und ich fragte mich sorgenvoll, ob das auch allen anderen so gehen würde, die auf die eine oder andere Art mit Julius in Kontakt kämen.

Wir hatten uns seit unserem letzten Termin so weit in die Materie eingelesen, dass wir schon ein wenig mitreden konnten, als uns Frau Dr. Sarut López die Bilder erklärte. So war es auch keine Neuigkeit für uns, als sie uns mitteilte, dass sich die Lage von Teilen des Gehirns im Fruchtwasser ungünstig auf unseren Kleinen auswirken würde, weil diese Flüssigkeit toxisch auf alles wirke, was da nicht hingehört.

Wir lernten wieder ein paar medizinische Fachbegriffe dazu, bekamen aber keine hundertprozentige, sondern nur eine annähernde Antwort auf unsere wichtigste Frage: »Hat Julius Chancen zu überleben?«

»Nein, Frau Bohg, ich mache Ihnen wenig Hoffnung. Selbst mit Operationen, mit allem Menschenmöglichen sieht es nicht gut aus. Aber wirklich wissen könnten wir das erst, wenn das Kind geboren wäre …«

Und so verabschiedeten wir uns auch nicht viel klüger, als wir einander begrüßt hatten. Unsere Besuche in der Friedrichstraße waren fast schon zur Routine geworden. Ich spürte immer noch jedes Mal Magengrummeln, Unruhe und eine große Traurigkeit, sobald ich am Bahnhof Friedrichstraße aus der Straßenbahn stieg. Diesmal war es schon abends, weshalb Tibor und ich unsere Schritte in eine Nebenstraße lenkten, um in einem italienischen Restaurant zu essen. Hier steckte alles voller junger Leute, die Stimmung war prächtig, und es roch wunderbar. Man orderte das Essen am Tresen direkt bei den Köchen, denen man in einer gläsernen Küche zusehen konnte, wie sie alles mit frischen Zutaten zubereiteten. Entsprechend lecker schmeckte unsere Pasta.

Tibor und ich waren aber genervt von der guten Stimmung hier. Unser Gespräch drehte sich um den schrecklichen Befund unseres Sohnes, den wir gerade wieder schwarz auf weiß nach der Untersuchung erhalten hatten:

Bei der heutigen Untersuchung findet man eine mikrocephale Entwicklung mit beginnendem lemon sign und relativ weiten Lateralventrikeln mit nach dorsal verzogenen Plexus choroidei bei bekannter occipitaler Encephalocele. Anteile des Myelencephalons und des Kleinhirns (?) scheinen in die Cele zu ziehen. Ein Kleinhirn ist intrakraniell nicht darstellbar. Über die Schwierigkeit genauer prognostischer Aussagen bei Hirnfehlbildung in der 16. SSW wurde gesprochen …

So ging es weiter im schwer verständlichen Medizinerjargon, den wir aber in Bezug auf die Krankheit unseres Sohnes gut deuten konnten. Das ist nicht der leichte Stoff für eine entspannte Dinner-Unterhaltung, aber wir hatten keinen anderen, wie immer seit Beginn der neuen Zeitrechnung. Unser Stoff hieß Julius, und wir waren lange nicht müde, über ihn zu sprechen. Wir wussten, dass wir so lange reden mussten, bis wir eine Entscheidung hatten. Wir wussten, dass wir diese Entscheidung aus dem Bauch fällen würden. Wir wussten aber auch, dass wir dazu erst alle Fakten sammeln mussten, die die harte Grundlage sein würden für unsere gefühlsmäßige Entscheidung. Plötzlich beschlossen wir, eine oder, genauer gesagt, zwei Listen zu machen: eine mit allen Punkten pro, eine mit allen kontra Abtreibung. Klingt das makaber? Nun, es war unsere Art, mit unserer wichtigsten Frage umzugehen. Wir wollten schwarz auf weiß vor uns sehen, was uns umtrieb. Wir hatten schon die Chipkarte, die man zum Bezahlen braucht, in der Hand, um schnellstmöglich aufzubrechen und zu Hause mit den Listen zu beginnen, als uns einfiel, dass wir doch auch gleich hier beginnen könnten. Warum nicht? Das war auch ein Zeichen einer kleinen Erholung – noch vor einer Woche wäre uns das nicht möglich gewesen, weil zwei heulende und schluchzende Menschen nicht in ein Lokal wie dieses passten. An diesem Abend aber waren wir dermaßen abgeklärt und rational, dass wir entschieden zu bleiben.

So bestellte ich noch eine Panna cotta, Tibor holte sich einen Cappuccino, und für uns beide besorgte er am Tresen einen Stift. Wir setzten uns in den gemütlichen Lounge-Bereich des Restaurants, und es konnte losgehen. Als Schreibunterlage diente uns das große DIN-A3-Blatt, das auf jedem Tablett lag. Wir merkten bald, dass wir so voll waren mit Gründen für und wider eine Abtreibung, dass uns die Argumente beinahe überrannten. Wir schrieben und schrieben und schrieben.

Wir hatten ein unglaubliches Gefühl, als wir fertig waren.

Wir hatten zwar nicht gewagt, *Abtreibung* zu schreiben und stattdessen das beschönigende *Verabschieden* gewählt, aber in den einzelnen Punkten waren wir schonungslos offen geblieben. Wir lasen alles noch einmal durch und erschraken vor uns selbst darüber, was wir alles hervorgeholt hatten aus den Tiefen unserer Seelen. Wir fühlten uns aber auch erleichtert. Es ist etwas anderes, eine Sache nur zu erzählen und darüber zu reden – oder sie zu Papier zu bringen. Wir waren schonungslos dabei, alles aufzuschreiben, was wir dachten. Wir taten das ohne Selbstbeschränkung.

Im Nachhinein kam es mir vor, als wären wir frei gewesen von allen gesellschaftlichen Ansprüchen und Vorgaben, frei von religiösen Bedenken, frei von familiären Bindungen. Alles war draußen vor der Tür in diesem Moment.

Ein paar Mal hielt ich inne beim Aufzählen, was Tibor stutzig machte.

»Was war das? Was wolltest du sagen?«

Mir ging es nicht anders, wenn Tibor zögerte: »Sag es doch! Alles muss jetzt auf den Tisch!«

Als wir fertig waren, falteten wir unsere Liste sorgfältig zusammen und packten sie ein und hatten das Gefühl, einen großen Schritt weitergekommen zu sein. Nicht mit einer Antwort in der Hinterhand, aber auf dem Weg zu dieser Antwort vor uns. Gleichzeitig fühlten wir uns erschöpft, ausgelaugt wie nach einem Dauerlauf und ernüchtert, weil alles Schreckliche schwarz auf weiß vor uns stand.

»Ich würde am liebsten in die Klinik gehen und einen Termin machen, zur Abtreibung«, sagte ich leise zu Tibor. Es fühlte sich schlecht an, das zu sagen, es klang trotzig, aber ich fand keine anderen Worte. »Ich will das alles nicht mehr, ich halte das nicht mehr aus, ich habe das alles so satt.«

Tibor erzählte später einmal, dass es ihm an diesem

Abend nicht anders ging. »Die Faktenlage war einfach erdrückend«, erinnerte er sich, »die psychische Belastung, den todgeweihten Sohn im Bauch meiner Frau zu wissen, all die negativen Begleiterscheinungen, auf die wir gestoßen waren. An diesem Tag dachte auch ich nur mehr an Abtreibung.« Erschöpft wankten wir hinaus, zurück auf die Friedrichstraße. Ich dachte, ob die Leute uns unsere Ohnmacht ansehen? Unsere Verzweiflung? Die Abgründe meiner Seele? Ob sie sich vorstellen konnten, dass ich mir eben Fragen gestellt hatte, vor denen ich mich selbst schämte? Wie lästige Quälgeister kamen mir diese Gedanken vor, und ich versuchte sie zu verscheuchen. Quatsch, dachte ich, natürlich sehen sie nichts, nur Tibor sieht es. Wir beide hatten nichts voreinander zu verbergen.

Susie

Als ich am nächsten Morgen aufwachte, schrak ich sofort hoch. Mein erster Griff galt meinem Bauch. Hektisch fuhr ich mir über die nun schon gut fühlbare Wölbung und ließ mich mit einem Seufzer noch einmal auf mein Kissen sinken.

Gott sei Dank, alles noch da!

Sofort musste ich an den vorigen Abend denken, an das Listenschreiben beim Italiener, an die trüben Gedanken, an meinen Abtreibungswunsch. Ich schämte mich dafür, ich weiß nicht, warum, aber es war so. Ich schämte mich und musste wieder weinen, wenn ich daran dachte und an die Ausweglosigkeit, die mich umgab. Ständig hast du mit dem Tod zu tun, dachte ich, mit der Frage, wie dein Kind sterben soll. Dabei solltest du jetzt ein Nest bauen. Du solltest einen Kinderwagen kaufen, mit dem du joggen gehen kannst. Du solltest Babysachen aussuchen!

Betrübt klappte ich meinen Laptop auf: Meine E-Mails checken, Beiträge in den Foren lesen, in denen ich selbst schrieb, Internetseiten rund um die Themen infauste Diagnose, pränatale Diagnostik und »Sternenkinder«, wie man früh verstorbene Kinder nennt, zu recherchieren.

Diesmal blieb ich bei meinen E-Mails hängen, weil ich eine Nachricht von Susie aus Neuseeland erhalten hatte:

Ich bin so froh, dass du unseren Blog finden konntest. Mein Anliegen beim Schreiben dieses Blogs bestand darin, dass Familien, die das Internet nach »Encephalocele« durchkämmen, die Geschichte einer realen Familie finden sollten, die das erlebt hat. Als wir Joshuas

Diagnose in der zwanzigsten Schwangerschaftswoche bekamen, hatte ich das Wort »Encephalocele« noch nie gehört. Damals durchsuchte ich selbst wochenlang das Internet und konnte nichts finden außer verstörenden Bildern von missgebildeten Föten.

Ich atmete auf, als ich das las. Immerhin war es mir genauso gegangen – bis ich auf Susies Blog gestoßen war. Sie sprach mir aus der Seele. Gierig sog ich ihren Text auf, der für mich umso interessanter war, als Susie und ihr Mann damals bereits eine gesunde Tochter hatten und daher über gute Vergleiche verfügten:

Joshua voll auszutragen war genauso wie meine erste Schwangerschaft. Diese Schwangerschaft fühlte sich nicht anders an, tatsächlich war sie sogar ziemlich leicht im Vergleich zu meiner ersten. Wir waren gewarnt, dass er vielleicht tot auf die Welt kommen könnte. Er wurde dann auf natürlichem Weg geboren, lebendig – was definitiv überraschend war. Der Arzt, der uns betreute, war ein Deutscher, der in Neuseeland arbeitete. Er war der Erste überhaupt, der uns sagte, dass wir vielleicht »Monate« mit Joshua hätten – alle anderen sagten uns immer nur, dass das bloß Stunden sein könnten, höchstens Tage …
Unsere Gründe für das Austragen Joshuas bis zum Schluss lagen vor allem in unserem Glauben an Gott. Wir glauben, dass Gott alles Leben bestimmt und dass es nicht unser Recht ist, zu wählen, wann dieses Leben endet. Ich fühlte, wie der Herr zu mir sprach: »Ich gab dir deine Tochter, damit du sie schützt, und du musst das für Joshua genauso tun, wie du das für deine Tochter auch tun würdest.« Und das taten wir …

In den Momenten, in denen ich diese E-Mail las, fühlte ich bereits, wie mir die Seele aufging. Ich fühlte die aufrichtige Motivation dahinter, und ich fühlte, dass ich mir gut vorstellen könnte, mit Julius genauso umzugehen, wie Susie das mit Joshua getan hatte – oder zumindest konnte ich deren Ausgangslage genau nachempfinden, weil ich ähnlich dachte. Sehr gut gefiel mir, dass Susie nicht im Geringsten versuchte, mir ihre Ansichten aufs Auge zu drücken, sondern offen blieb in ihrer Darstellung:

Constanze – es ist nicht einfach. Es wäre nicht einfach für dich, wenn du eine Verabschiedung zum jetzigen Moment wählst, und es wäre nicht einfach, wenn du dich später verabschieden wolltest. Aber je länger du ihm Zeit gibst in deiner Gebärmutter, eine umso größere Chance hat er, etwas länger zu überleben, um dann mehr Zeit mit dir zu verbringen. Lass die Ärzte dir nicht sagen, dass sein Leben nur ein Dahinvegetieren ist oder dass das alles »keine Rolle spielt« – du weißt, dass die beste Wahl für dich und für deine Familie das ist, was du und dein Mann beschließen. Kein Arzt kennt dich wirklich, und kein Arzt weiß, wie deine Gefühle über all das später sein werden.
Ich kann dir nur eines sagen – ohne jeden Zweifel: Die Zeit, die ich von dem Moment an, als ich feststellte, dass ich schwanger war, mit Joshua verbrachte bis zu dem Morgen, an dem ich ihn in den Armen hielt, als er starb – diese Zeit war immer kostbar. Sie war ein absolutes Geschenk. Nein, ich konnte ihn nicht aufwachsen sehen, nicht zum ersten Mal beim Radfahren beobachten, ihn nicht das College beenden lassen. Aber ich sah, wie er um sein Leben kämpfte. Und ich weiß, dass er trotz seiner körperlichen und geistigen Behinderung wusste, wer wir waren und dass wir ihn liebten. Ich

wollte, dass Joshua wusste, dass wir ihn liebten, die ganze Zeit, in der er da war. Diese Momente, in denen ich ihn hielt, in denen ich ihm die Stirn küsste, in denen ich mit ihm sprach – das waren einige der wertvollsten Erinnerungen, die ich habe.
Ich bete für dich, für deinen Mann und für das Baby Julius. Bitte halte mich auf dem Laufenden, wie es euch allen geht.
Mit Liebe und Verständnis

Susie

Meine Tränen flossen in Strömen – nicht erst, als ich mit der E-Mail fertig war, sondern schon während des Lesens. Es war das erste Mal, dass ich direkt in Kontakt war mit jemandem, dessen Kind von exakt derselben Krankheit betroffen war. Es war das erste Mal, dass sich eine Sternenmama mir gegenüber so offen und gleichzeitig so gefühlvoll geäußert hatte. Das war eine Art des persönlichen Miteinanders, die ich bis dahin nur in den USA kennengelernt hatte – doch Susie ist schließlich auch Amerikanerin, die damals zwar in Neuseeland lebte, heute aber wieder in den USA wohnt. Sofort begann ich, eine Antwort zu formulieren.

Schon während ich schrieb, war mir klar, dass sich ein Rat von ihr schon lange bestätigt hatte – dass die beste Wahl für meine Familie die Entscheidung wäre, die mein Mann und ich für uns fällen würden. Unsere eigene, kleine Familie. Diese Familie, die aus genau drei Personen bestand: Aus Tibor, Julius und mir. Für mich bedeutete das, ein Stück neuer Identität zu finden – dass wir nun selbst eine Familie waren. Das musste ich erst begreifen: Nicht meine Eltern, nicht Tibors Eltern, nicht Tanten, Onkel und Nichten und Neffen waren meine Familie, sondern Tibor, Julius und ich. Klar war meine Herkunftsfamilie mir wichtig, aber hier und nur hier – im Kreise meiner eigenen Familie – musste die Entscheidung fallen, das wusste ich genau, denn hier und nur hier mussten dann auch die Folgen der Entscheidung getragen werden. Schon stand mir das Bild von Tibor und mir in fünfzig Jahren vor Augen, unter einem großen alten Baum, einer Linde, verliebt und erfüllt Händchen haltend auf einer Bank. Naiv? Das war mir egal, denn das ist seit Jahren unsere Vision von unserer Ehe: Noch als alte Menschen zusammen zu sein und miteinander unser Leben Revue passieren lassen, auch das Jahr 2011, auch Julius. Wie wir diese Zeit wohl in Erinnerung haben würden, wie wir auf sie zurückblicken würden? Depressiv? Traurig? Beschämt? Froh? Verbittert? Unser beider Traum ist es, gelassen zurückblicken zu können. Sagen zu können, dass wir zu einer gereiften Entscheidung gekommen sind. Dann wäre ich zufrieden damit, bis ans Ende meiner Tage.

Endlich Frieden

Wir waren an einem Punkt angekommen, an dem wir wussten, wir könnten nicht noch mehr Fakten sammeln. Wir wussten, es hätte keinen Sinn mehr, noch ein paar Tage vor dem Computer zu sitzen, noch ein paar hundert Blog-Einträge zum Thema Eltern von behinderten Kindern zu lesen, noch einen Haufen einschlägiger Verbände und Selbsthilfegruppen anzuschreiben. Wir wussten, dass es keinen Sinn hätte, noch mehr Fachärzte zu befragen, denn die Situation war klar: Julius war nicht überlebensfähig, aber niemand konnte uns sagen, wie lange es dauern würde bis zu seinem Abschied, und wie genau er diese Zeit verbringen würde – alles andere waren Spekulationen, Meinungen, weltanschauliche Einstellungen, die nichts am Leben und am Sterben von Julius ändern konnten. Wir wussten alles, was wir wissen mussten, und wir wussten, dass die Reihe nun an uns war. Wir wussten, dass wir uns jetzt entscheiden mussten.

Der Druck dieser Entscheidung lastete nun immer stärker auf uns, zusammen mit noch ein paar anderen Lasten – konnte es denn sein, dass alles auf einmal kam? So mussten wir unsere Wohnungssuche plötzlich intensivieren, weil Tibors Vater uns kontaktierte: Im Keller seines Hauses lagerte immer noch der Inhalt des Umzugscontainers, den wir aus den USA mitgebracht hatten – und er wollte den Raum bis Ende Juni freigeräumt haben. Außerdem endete der Mietvertrag für unsere Zimmer in der WG Ende Juli, und Tibor hatte schon erste Termine bei seiner neuen Chefin, um sich für den Arbeitsantritt am 1. Juli vorzubereiten. So kam eines zum anderen, wir hatten atemlose Tage zwischen Arztbesuchen, Wohnungsbesichtigungen, Büroterminen und Internetsurfen auf der Suche nach neuen Wohnungsangeboten. Vor uns aber lag immer und überall die Mauer der Entscheidung.

Wir kommen hier nur gemeinsam durch diese schlimme Zeit

Das schrieb ich Tibor als SMS, als er schon mal einen Nachmittag lang ein paar Stunden bei seinem zukünftigen Arbeitgeber verbrachte. Es war sehr ungewohnt für mich, allein zu Hause zu sein. So eng wurde es mir da manchmal, dass ich mich zwischendurch melden musste bei meinem Mann, auch wenn er nur ein paar Stunden weg war.

Ich sehe aber die Sonne immer mehr

So froh war ich über diesen Satz Tibors. Ich brauchte diese kleinen Zeichen zwischendurch, diese Erinnerungen, dass er noch da war und ich auch noch.

Mama lacht grad ganz dolle. Der Kleine ist bestimmt grad ganz dolle hochgehüpft.

Ich musste ihm das schreiben, wenn ich zwischendurch mal ein Gefühl hatte, dass alles gut werden könnte. Dass ich ein Kind im Bauch trage. Unser Kind!

Ja, er hüpft bestimmt und er weiß ja, dass wir ihn lieben.

Ich wusste, dass Tibor bei uns war, auch wenn er in seinem zukünftigen Büro saß. Dass er in Gedanken nah war, nicht nur bei mir, sondern auch bei unserem gemeinsamen Kind. Ich spürte das, und es machte mich glücklich.

Du und Julius seid meine Familie, und ich stehe dazu, komme, was wolle

Als ich diesen Satz Tibors las, kamen mir die Tränen. An solchen Texten merkte ich, dass die Entscheidung bei ihm nicht nur bevorstand, sondern schon in ihm arbeitete, so dass er kaum hinter dem Berg halten konnte mit ihr, wie wir es aber abgemacht hatten: Keiner von uns beiden, so war es verabredet, verkündet dem anderen seine Entscheidung, bis nicht beide ihren Entschluss fest und unverrückbar gemacht hätten.

Wenn ich diese SMS-Konversationen im Nachhinein noch einmal lese, kommt es mir vor, als wäre damals schon alles völlig klar gewesen, als hätten wir unsere Entscheidung längst getroffen gehabt. Aber ich weiß, dass dieser Eindruck täuscht, denn es war nicht so. Ich weiß, dass wir damals zwar schon solch helle Momente hatten, aber dass zwischen diesen lichten Höhen noch viele tiefe, dunkle Täler lagen, in denen uns nichts klar war. Wir waren, alles in allem, wie Wanderer, die manchmal zwar schon den Gipfel sehen konnten, die aber feststellen mussten, dass überraschenderweise doch noch immer wieder die eine oder andere Schlucht vor ihnen lag, die sie zu durchqueren hatten. Oft wussten wir am Morgen nicht, wie wir den Vormittag rumkriegen sollten. Wir hatten noch nach dem Frühstück keine Ahnung, wie wir bis zum Nachmittag kommen sollten. Wir konnten eben nicht in die Zukunft sehen, nicht einmal in die unmittelbarste. Manchmal fühlten wir uns wie in einem dunklen Zimmer, in dem man herumtapsen muss auf der Suche nach dem Lichtschalter und dabei überall anstößt, weil man ihn nicht finden kann.

Umso mehr Licht kam in dieses imaginäre Zimmer, als wir den Termin im St. Joseph Krankenhaus hatten, wohin uns Frau Fricke empfohlen hatte. Wir wussten, dass es ein katholisches Krankenhaus war. Es liegt mitten in Tempelhof, in der Nähe des ehemaligen Flughafens. An der Rezeption wurden wir von einer katholischen Ordensschwester empfangen, mit Klostertracht und Haube. Ungefähr so hatten wir uns die Psychologin vor unserem ersten Treffen vorgestellt, doch so hatte sie ja nicht ausgesehen. Die Nonne begrüßte uns auf das freundlichste und erkundigte sich nach unseren Wünschen. Ich wusste merkwürdigerweise schon in diesem Moment instinktiv, dass wir in diesem Haus keine schlechten Erfahrungen machen würden. Ich war ruhig, Tibor war ruhig, und selbst Julius war ruhig, ich fühlte das. Ich spürte, dass ich Julius hier nicht schützen musste, dass hier menschliche Wärme herrschte, wie sie nicht in allen Krankenhäusern selbstverständlich ist.

Die Nonne verwies uns an die Sekretärin des Chefarztes. Als wir kurze Zeit später im Behandlungszimmer von Dr. Michael Abou-Dakn saßen, spürten wir sofort die Ruhe, die hier herrschte. Die Zeit, die man sich für den Patienten nahm. Der Arzt studierte erst einmal gründlich die von uns mitgebrachten Befunde.

»Wir stehen kurz vor unserer Entscheidung, wie es weitergehen soll«, sagte ich ihm gleich zu Beginn unserer Unterhaltung. »Wir sind nur mit einer einzigen Frage bei Ihnen: Ob Sie gewillt sind, uns palliativ zu betreuen, wenn wir das Kind austragen?«

Ich fügte noch hinzu: »Es ist ein Junge. Er heißt Julius.«

Dr. Abou-Dakn sah mich an, er sah auf Tibor, als könnte er etwas lesen in unseren Gesichtern. Er nickte nur zum Zeichen, dass ihm die Situation klar war, und vertiefte sich noch einmal in das Studium der Befunde. So viel Ruhe hatten wir noch nie erlebt bei einem Arzt. Wir genossen das, bis mir die Ruhe fast schon unheimlich war – und bis er aufsah und das lange Schweigen unterbrach:

»Liebe Familie Bohg, ich möchte Ihnen etwas sagen. Ihr

Sohn, der Julius, der hat einen Sinn für Sie. Er hat eine Funktion für Ihre Beziehung, Ihre Ehe.«

Ich war sprachlos. So etwas hatte ich noch nie gehört von einem Arzt. Dr. Abou-Dakn hatte nicht mit Diagnosen angefangen, nicht mit medizinischen Fachausdrücken um sich geworfen, keine neuen Untersuchungen gefordert, sondern er hatte zuerst einmal eine rein menschliche Feststellung gemacht. Eigentlich die zentrale Feststellung, wie ich fand. Nur mit Mühe konnte ich verhindern, dass mir sofort die Tränen in die Augen schossen. Ich wusste in diesem Moment schon, dass wir uns diesem Arzt voll und ganz anvertrauen könnten. Es war das erste Mal seit der Diagnose, dass ein Arzt Julius als eigenständige Person sah und ihn auch so ansprach. Ich weinte. Tibor weinte. Dr. Abou-Dakn gab uns Zeit, uns wieder zu sammeln.

Dann erzählte er von seiner Klinik, von Julius' Krankheit, von seiner Sicht auf die Diagnose. Dass die hoffnungslos sei, dass es keine Chancen auf Heilung oder Besserung gebe. Er wusste um unsere Niedergeschlagenheit angesichts dieser Diagnose, wusste um unsere Verzweiflung.

»Bitte hören Sie mir zu: Sie haben keine Schuld! Sie können nichts dafür! Sie haben alles richtig gemacht!«

Das waren Worte, die selbstverständlich waren – nach dem Wissen, das wir über die Krankheit unseres Sohnes zusammengetragen hatten. Es waren aber auch Worte, die uns noch kein Arzt gesagt hatte. Es waren Worte, die uns guttaten wie nichts anderes sonst. Es waren erlösende Worte.

Wir waren so überwältigt, dass uns die eigentliche Botschaft des Arztes nicht mehr überraschte: »Für mich ist das okay, ihren Sohn palliativ zu behandeln. Mein Team und ich, wir machen das. Ganz egal, wer Dienst hat, ob ich da bin oder nicht, das ist für Sie gewährleistet.«

Das war mehr als eine Erleichterung für uns, es war die Rettung. Der Nachsatz Dr. Abou-Dakns konnte uns kaum mehr beunruhigen: »Aber das ist die eine Seite der Medaille, denn ich bin nur Chefarzt der Gynäkologie. Meine Kollegin Frau Dr. Schmidt, die Chefärztin der Kinderklinik, muss dem auch zustimmen, sonst funktioniert das nicht. Sobald das Kind auf der Welt ist, ist schließlich ihre Station zuständig ...«

Der Arzt machte keine weiteren großen Worte, sondern griff nach dem Telefonhörer, um für uns einen Termin bei seiner Kollegin zu vereinbaren. Wir verabschiedeten uns mit Frieden im Bauch. Wir lächelten beim Abschied noch einmal der Nonne beim Eingang zu und liefen in Richtung S-Bahn. Gedankenverloren, wobei unsere Gedanken erstmals seit der Diagnose anfingen zur Ruhe zu kommen. Das war das erste Mal seit damals, dass wir einen Anflug von Hoffnung hatten. Mitten auf der Straße mussten wir stehen bleiben, und ich fiel Tibor schluchzend in die Arme. Auch er musste anfangen zu weinen. Diesmal war es jedoch nicht das Resultat der Verzweiflung, sondern der Erleichterung.

Zurück in der WG, konnten wir erstmals einen möglichen Weg für Julius vor uns sehen, obwohl wir einander unsere Entscheidungen noch nicht mitgeteilt hatten – nicht zuletzt, weil die noch nicht offiziell feststanden. Wir waren jedoch so nah beieinander, wir waren so innig, dass wir insgeheim jeweils schon vom anderen wussten, wie der sich entschieden hatte.

Ich hielt es nicht mehr aus und wagte die Frage vorsichtig: »Schatz, bist du schon so weit? Was spürst du im Herzen?«

»Ich habe Frieden darüber, unseren Sohn auszutragen, wenn Frau Dr. Schmidt auch ihre Zustimmung zur palliativen Betreuung gibt.«

Ich begann zu weinen, nickte und brachte gerade noch ein »Ich auch« hervor.

Wir weinten nun beide, perplex darüber, wie unspektakulär plötzlich alles war. Wie kurz dieses Gespräch ausfiel, und welche Erleichterung wir verspürten. Wir hielten einander schluchzend in den Armen, es kam mir vor wie eine Ewigkeit. Ein unsagbar schweres Gewicht hob sich von meinen Schultern.

Einige Tage später schrieb mir Tibor eine SMS während der Heimfahrt vom Büro, wo er eben einen weiteren Einarbeitungstag verbracht hatte.

> *Ich habe wirklich eigenen Frieden bei dieser Entscheidung. Wir schaffen das zusammen. Ich liebe Dich*

Ich antwortete:

> *Ich liebe Dich auch. Ich bin so dankbar, dass wir so offen und ehrlich miteinander sind. Und wenn Du auch zu 100 % den Tief-im-Bauch-Frieden hast, dann schaffen wir das auch gemeinsam*

Ja, schrieb Tibor zurück, *ich habe zu 100 % das richtige Gefühl. Ich fühle mich mit Dir / Euch mehr verbunden als je zuvor. Und das ist so wunderbar*

Später hat er mir erzählt, er habe sich in diesen Momenten in der S-Bahn gefühlt, als hätte jemand eine schützende, wärmende Riesenseifenblase über ihn gestülpt. Er hatte die Sonne wunderschön im Abendrot gesehen und sich gefühlt, als sei er nun bei Julius. Einfach so sei das gekommen, hat er mir erzählt, ohne, dass er darüber nachgedacht hatte.

Doch nicht nur Tibor fühlte in diesen Tagen Frieden in sich aufsteigen, auch mir ging es so. Nun wussten wir beide endlich, dass wir uns für Julius entschieden hatten. Es war aber noch immer eine Woche zu meistern, bis wir endgültig die offizielle Entscheidung haben würden. Die Worte der Chefärztin der Kinderstation würden das Zünglein an der Waage sein. Würden wir ihre Zustimmung nicht erhalten, stünden wir wieder bei null.

Eine Woche also noch – eine Woche, in der uns mein Bruder Sebastian sehr zur Seite stand, wie auch schon in all den Wochen davor. Er machte uns damals immer wieder ein großes Geschenk – er verhalf uns zu so etwas wie Alltag. Er war einfach da, abends, aß mit uns, spielte mit uns Kniffel und redete mit uns über irgendetwas, nur nicht über tote oder todgeweihte Babys. Sebastian tat sich ohnehin schwer, mit unserer Katastrophe verbal umzugehen – er tat sich leichter damit, einfach mit uns Zeit zu verbringen. Für ihn war all das sehr belastend, denn er wurde mehrfach von meiner Mutter angefleht, ihr doch bitte zu erzählen, was nun los sei mit mir und mit unserem Baby. Doch Sebastian hielt dicht, was ich ihm bis heute hoch anrechne. Sebastian lachte mit uns, er weinte mit uns, er wusste alles, sah jeden Tag in unsere verheulten Gesichter, schrieb an seiner Diplomarbeit und spielte regelmäßig mit uns Kniffel – ich glaube, es gibt nicht viele Brüder, die all das in einer ähnlichen Situation so souverän und auch noch mit guter Laune geschafft hätten.

Unsere letzte Besinnungswoche ging zu Ende, als wir unseren Termin mit Frau Dr. Schmidt hatten, der pädiatrischen Chefärztin im St. Joseph Krankenhaus.

Wir schilderten ihr unseren Fall, bis wir zu unserer Frage kamen: »Steht Ihr Team hinter der Entscheidung, Julius palliativ zu behandeln?«

Die Ärztin musste nicht lange nachdenken, um zu antworten: »Ja – unter der Voraussetzung, unsere Annahmen bestätigen sich nach der Geburt. Wir hatten immerhin auch schon Kinder mit einer infausten Diagnose, die letztlich gute Überlebenschancen hatten. Das glaube ich zwar in Ihrem Fall nicht, aber abwarten und sehen, was los ist, müssen wir natürlich …«

Noch vor ein paar Wochen wäre mir nach dieser Bemerkung das Herz in die Höhe gehüpft – als ob es doch noch Hoffnung gäbe für Julius. Nun wusste ich, dass dies nur eine Vorsichtsmaßnahme der Ärztin war, zu ihrer eigenen Sicherheit. Ich wusste, dass die tödliche Diagnose für Julius so unverrückbar war, wie nur etwas unverrückbar sein konnte – auch wenn ich nicht wusste, ob und wie lange er die Geburt überleben würde. Und natürlich antwortete ich genau so, wie es von mir erwartet wurde: »Natürlich – wenn wirklich noch etwas zu machen wäre bei Julius, dann müssen Sie alles Menschenmögliche tun, um ihm zu helfen. Wir möchten nur nicht, dass er die wenige Zeit seines Erdenlebens voller Nadelstiche und mit lauter Schläuchen im Leib verbringen muss …«

Darin pflichtete mir Frau Dr. Schmidt sofort bei, und ich war so froh, dass ich nun das Gefühl hatte, zu wissen, wo Julius zur Welt kommen würde. Wir saßen auf den roten Sesseln in ihrem Arbeitszimmer, vor Entspannung in uns zusammengesunken. Jetzt, das fühlte ich, war die Reise beendet, oder zumindest dieser Teil unserer Reise, die uns bis zur Geburt unseres Sohnes führen sollte und hoffentlich auch noch ein gutes Stück darüber hinaus.

Ich erzählte ihr, dass wir nun unsere Familien und unsere Freunde über unsere Entscheidung informieren würden, wobei uns die Ärztin einen guten Tipp gab.

»Sagen Sie denen die genaue Diagnose, sonst erleben Sie immer das Getuschel, es könnte ja dies oder das sein. So haben Ihre Verwandten die genaue Beschreibung. Die googeln dann ein oder zwei Wochen, bis sie der Sache überdrüssig werden, und Sie haben dann wahrscheinlich mehr Ruhe.«

Mir gefiel die Art dieser Ärztin: Sie sprach so kerzengerade, wie ihre Haltung war. Sie argumentierte so korrekt, wie es ihrem schmalen, akkuraten Aussehen entsprach, und sie ging so herzlich mit uns um, wie das einer uns fremden Person in so einer Situation möglich war.

»Ich erlebte Sie vom ersten Tag an als sehr tapfer, aber auch als sehr traurig und als sehr in Ihr Baby hineinfühlend«, erzählte sie mir später, »und Sie wollten genau das tun, was für Ihr Baby das Beste war. Das hat mich beeindruckt.« Die Ärztin erzählte mir auch, dass sie diesen langsamen, scheinbar schwierigeren Weg, den wir nun gewählt hatten, langfristig für den besseren hielt als den kurzen, scheinbar einfachen Weg hin zu einer Abtreibung – zumindest in unserem Fall. »Bei Ihnen wusste ich sofort, dass Sie das Baby behalten«, sagte sie. »Ich denke, eine solche Entscheidung ist sehr sehr schwer und hängt immer vom Einzelfall ab – für manche Paare oder Mütter ist es besser, sie tragen ihr Kind aus, für andere ist eine andere Entscheidung richtig.«

Ich wusste nun sicher, dass ich nicht abtreiben würde, weil es für uns als kleine Familie besser sein würde, Julius auf der Welt zu begrüßen. Andere mögen zu einer anderen Entscheidung kommen, die genauso zu respektieren ist. Hauptsache, es bleibt am Ende eines solchen Prozesses nicht irgendeine in Panik oder unter Druck von außen getroffene, sondern eine eigene, gereifte Entscheidung für die jeweilige Frau, den Mann, das Kind. Alles andere wird sich fügen.

Der Brief

An diesem Tag gingen wir endlich mit der hundertprozentigen Gewissheit, uns entschieden zu haben, zu Bett. Auf dem Weg zu der Entscheidung hatten wir uns viereinhalb Wochen zermürbt. Wir hatten einen Monat mit uns gerungen, alle Möglichkeiten rauf und runter diskutiert, uns die Finger wund gegoogelt und die Augen rot geweint. Wir hatten alle Register gezogen, um zu einer Entscheidung zu kommen. Und nun lagen wir einfach da und wussten, dass wir so weit sind. Wir mussten kaum mehr darüber sprechen, es gab nichts mehr zu diskutieren, nichts zu analysieren, nichts zu recherchieren. Wir wollten nur noch eine Nacht über unserer Entscheidung schlafen – eine Floskel, die wir wörtlich nahmen: Wir schliefen friedlich ein und wussten am nächsten Morgen immer noch hundertprozentig sicher, dass ich Julius zur Welt bringen würde. Dann, wenn er das wollte. Auf die Art, die die Natur vorgeben würde. Wir wollten alles wieder in Gottes Hand legen.

Es war wie ein Traum: All unsere Verzweiflung, unser Ringen, unsere Ratlosigkeit waren wie weggeblasen. Natürlich waren wir nach wie vor traurig. Wir waren niedergeschlagen über das Schicksal unseres Sohnes, hilflos angesichts seiner Krankheit. Wir waren aber auch überzeugt davon, dass wir einen Weg gefunden hatten, damit umzugehen. Uns war klar, dass wir nichts tun konnten, außer bedingungslos zu lieben. Das ist eine harte Erkenntnis angesichts eines so großen Leides, sind wir es doch gewohnt, zu handeln, zu bestimmen, selbst zu gestalten. Bei Julius gab es aber nichts zu gestalten, das war die Essenz der bitteren Wahrheit. Hier gab es nichts zu beeinflussen, nichts umzukrempeln. Das war eine Erkenntnis, für die wir viereinhalb Wochen gebraucht hatten, aber nun war sie da. Nun lag alles wieder in Gottes Hand, genauso wie es das vor diesem Monat getan hatte. Das klingt einfach, ist aber ein schwieriger Satz für die, die ihn leben müssen. Für Tibor und mich war es der schwerste Satz, den wir je gesagt hatten in unserem Leben.

Dafür kam uns von nun an alles andere neben diesem Satz einfach vor, waren die Hürden des Alltags zu vernachlässigen: Wir hatten einen Termin, um eine wunderschöne Drei-Zimmer-Wohnung in Pankow zu mieten, doch an der Wohnungstür erfuhren wir, dass entgegen aller Vereinbarungen jemand anderes die Zusage vor uns bekommen hatte – okay, das ist zwar sehr frech, fanden wir, aber dann hatte es wohl nicht sein sollen.

Wir mussten zwar in wenigen Tagen umziehen, aber Katastrophen, das wussten wir nun, sahen anders aus. Also saßen wir an diesem Nachmittag erneut an unseren Computern und durchforsteten das Immobilienangebot, um eine andere Wohnung zu finden, was nicht so einfach war, wenn man ein paar Ansprüche, aber auch nur ein bestimmtes Budget hat. Also nahmen wir einen Filter nach dem anderen aus der Internet-Immobilien-Suchmaschine heraus: Dann eben keine Badewanne, keinen Balkon. Was sollten wir als Nächstes streichen? Vielleicht den Holzfußboden?

Wir saßen etwas über einer Stunde an unseren Computern, als wir wieder fündig wurden: Altbau, Nord-Neukölln, Hinterhof, in der Nähe des Landwehrkanals. Besichtigung am selben Tag, um siebzehn Uhr. Wir wussten schon, dass man zu solchen Terminen am besten mit der vollen Ausstattung erscheint: mit Bürgschaft, Arbeitsvertrag, Gehaltsabrechnungen, Schufa-Auskunft … Tibors Arbeitsvertrag war allerdings erst an diesem Tag in die Post gegangen, Mietschuldenfreiheitserklärung hatten wir nur eine aus den USA, und Gehaltsabrechnungen waren natürlich noch keine da. Also beschlossen wir, ohne Papiere auf die Besichtigung zu gehen, mit nichts als mit meinem nun schon gut sichtbaren Babybauch in petto.

Als wir die Wohnung sahen, wussten wir sofort, dass das unsere Wohnung ist: ruhig, hell, große Räume, schöne Dielen, Badewanne. Wir sagten der Vermieterin sofort, dass wir hier sehr gerne wohnen würden – natürlich wie ein paar andere Pärchen auch. Uns blieb also nichts anderes übrig, als genauso wie diese gleich am nächsten Tag eine Mappe abzugeben. Stundenlang saßen wir abends, um die Unterlagen fertig zu machen. Wir wollten herausstechen aus all den 08/15-Klarsichthüllen und kauften eine hochwertige Mappe, machten Fotos von uns im Automaten, formulierten ein nettes Anschreiben, fügten schöne Kopien von allen Dokumenten bei. Wir legten uns ins Zeug, so gut wir konnten, und wir konnten das gut, weil wir wieder frei waren im Kopf, weil unser eigentliches Problem gelöst war. Die Frage war beantwortet.

Abends schrieben wir den Text, der diese Frage auch für die Menschen in unserem Umfeld beantwortete, die so lange auf ein Lebenszeichen von uns gewartet hatten. Wie viereinhalb Wochen zuvor auch informierten wir unsere Familien per Brief, während wir unsere Freunde per E-Mail aufklärten:

Liebe Familie, liebe Freunde,
danke, dass Ihr unserer Bitte nachgekommen seid und gewartet habt. Wir haben keine guten Nachrichten, nur mehr Details und – nach der Bedenkzeit, die wir hatten – nun auch unsere Entscheidung, zu der wir zwei gemeinsam gekommen sind. Unser Sohn Julius Felix wird mit großer Wahrscheinlichkeit entweder bei

oder kurz nach der Geburt versterben. Er hat eine sogenannte occipitale Encephalocele (ein Loch im oberen Halswirbelbereich direkt am Kopf), durch dieses Loch sind Teile des Gehirns sowie des Rückenmarks nach außen getreten in eine Cele. Wir haben uns entschieden, die Schwangerschaft nicht abzubrechen. Wir müssen jetzt jeden Tag damit rechnen, dass Julius sich verabschiedet, per Fehlgeburt oder nach der Geburt.
Wir brauchen ab sofort Eure Hilfe in folgender Hinsicht – das mag jetzt sehr direkt oder schroff klingen, aber so ist es nun mal – bitte versteht uns nicht falsch:
- *Keine (noch so gut gemeinten) Ratschläge*
- *Keine »Ich hab da bei Google was gelesen«-Infos*
- *Kein Beurteilen der Lage und unserer Entscheidung – es ist unsere Entscheidung, unsere Familie, unser Leben*
- *Keine Phrasen wie »Na, Ihr seid ja noch jung«, »Es hat wohl so sollen sein«, »Ich kann Euch verstehen«, »Ihr seid so tapfer«, »Ihr tut mir so leid«.*
- *Kein Beschwichtigenwollen, um Schmerz zu lindern*
- *Kein Aufbürden Eurer Trauer auf uns – wir haben selber unsagbaren Schmerz und Trauer – wir sind weder in der Lage, noch ist es unsere Aufgabe, Euch zu trösten*

Stattdessen tut uns Folgendes gut:
- *Behandelt uns normal, schenkt uns Alltag, lenkt uns ab*
- *Nehmt uns einfach in den Arm, ohne Worte*
- *Wenn WIR darüber reden wollen, dann lassen wir es Euch wissen – ansonsten sprecht es bitte nicht an. Wir brauchen jedes bisschen Kraft für die vor uns liegenden Monate*
- *Denkt an uns, betet für uns*

Wir sind jetzt Ende achtzehnte SSW, Julius strampelt fleißig. Wir wollen jeden Tag, den wir mit unserem ers-

ten Sohn haben dürfen, genießen und das Beste daraus machen. Und wir wollen Euch natürlich auch daran teilhaben lassen, so Ihr das wollt. Er wird immer Teil unserer kleinen Familie sein, und wir wollen ihm seine Zeit mit uns so schön wie möglich gestalten. Habt Dank für Euer Verständnis, ruft uns bitte erst an, wenn Ihr Euch von diesem Schock ein bisschen erholt habt und Euch in der Lage fühlt, unsere Wünsche zu respektieren. Dafür danken wir Euch sehr!

Eure Constanze & Tibor

Danach konnten wir nichts anderes mehr tun, als ins Bett zu fallen. Am nächsten Morgen waren bereits die ersten Antworten per E-Mail eingetroffen – die meisten voller Zustimmung. Susel rief sofort an: Noch am Vorabend, erzählte sie, sei sie mit ihrem Laptop zu ihrem Mann auf die Couch, vor den Fernseher, und habe ihm die E-Mail vorgelesen. Weinend seien sie beide dagesessen, gleichzeitig froh über unsere Entscheidung und todtraurig über das Schicksal unseres Sohnes.

Den ganzen Tag über trafen die Nachrichten ein: Manche schrieben, dass sie uns bewundern, andere wünschten uns viel Kraft. Eine Freundin schrieb, sie wisse nicht, was sie sagen solle, außer dass es ihr leid tut. Eine andere berichtete, dass sie eben in Italien sei und da einige Probleme habe – »doch die sind alle nichts verglichen mit den Problemen von euch«. Wir bekamen sogar Geschenke – eine Flatrate für einen Internet-Filmverleih, die wir in den nächsten Wochen intensiv nutzten, um uns alle möglichen Komödien auszuleihen und herzhaft zu lachen. Ich wollte, dass Julius seine Mama und seinen Papa mindestens genauso viel lachen hörte, wie er uns in den letzten viereinhalb Wochen hatte weinen hören.

Meine Freundin Suse aus Frankfurt hatte ein Päckchen der besonderen Art geschickt: eine Flasche Massageöl für schwangere Bäuche zusammen mit einem Brief – nicht an mich, sondern an Julius. Ich konnte vor Tränen kaum lesen:

Lieber Julius,
wir freuen uns sehr, dass es Dich gibt. Auch wenn wir Dich nicht kennenlernen dürfen, bist Du bereits jetzt ein Teil unserer Familie, und wir haben Dich sehr gern.
Wie gern hätten wir Dich durch Dein Leben begleitet. Offensichtlich besteht ein so großer Bedarf an Engeln, dass Du woanders mehr gebraucht wirst, auch wenn das kaum vorstellbar ist.
Das beigefügte Öl hatte ich eigentlich für Deine Mama besorgt, gleich nachdem ich von Dir erfahren hatte.
Ich habe mich entschieden, es Dir zu schicken mit der Bitte an Deine Mama, Dich jeden Tag damit zu streicheln.
Denn Streicheln ist Liebe – und das möchten wir Dir gern schicken.
Ich bin selbst Mama von zwei kleinen Jungs und weiß daher, wie besonders gerade kleine Jungs sind.
Deine Mama ist einer der wichtigsten Menschen meines Lebens, deshalb tröste sie und gib ihr Kraft an jedem Tag, den Du bei ihr sein kannst.
Wir haben Dich sehr lieb, Du hast einen festen Platz in unseren Herzen.
Sag Deiner Mama bitte, wenn sie möchte, dass ich sie anrufe oder besuchen kommen soll, dass sie mir ein kleines Zeichen geben soll.
Sei fest umarmt!

Alles Liebe

Deine Susanne

Susel hatte uns eine Kerze in die WG geschickt, für Julius. Auf der stand ein genauso klares wie nicht zu leugnendes Statement:

Julius Felix – du bist ein Kind Gottes

Wieder saß ich weinend da, dankbar für so großes Mitgefühl, so große Herzen in unserem Freundeskreis.

Manche antworteten dagegen gar nicht, sondern schwiegen – vermutlich, weil ihnen keine passende Reaktion eingefallen war, was ich zu akzeptieren versuchte, auch wenn es mir bis heute schwerfällt.

Dann kam das langersehnte Telefonat mit meiner Mutter, einen Tag später, weil wir ihr die Nachricht als Brief geschickt hatten. Tibor und ich hatten zuvor spontan beschlossen, am nächsten Wochenende in die Oberlausitz zu kommen. Meine Mutter war sehr froh, dies am Telefon zu hören. Sie war über die Nachricht im Brief schwer bestürzt: Sie hatte schon befürchtet, dass unser Kind behindert ist, dass es vielleicht das Down-Syndrom hat wie ihr jüngster Sohn – aber damit, dass es vielleicht schon vor der Geburt sterben wird, dass ihr erstes Enkelkind nicht leben wird, damit hatte sie nicht gerechnet. Ich musste ihr bereits am Telefon vieles erklären, beide mussten wir bitterlich weinen, und trotzdem empfand ich es als ungeheuer erleichternd, das Schweigen endlich auflösen zu können. Noch im Nachhinein dachte ich darüber nach, ob dieses Schweigen richtig oder ob es zu egoistisch gewesen war, doch je länger ich bei dem Gedanken blieb, desto klarer wurde mir, dass ich nicht anders hätte handeln können. Ich wusste, dass wir die Entscheidung ohne das Schweigen niemals so hinbekommen hätten.

Plötzlich konnte ich wieder schreiben. Viereinhalb Wochen lang hatte ich mein Tagebuch nicht zur Hand genommen, seit wir die infauste Diagnose bekommen hatten, war es unberührt geblieben. Doch nun floss es mir aus der Feder, als wäre auch diesem Büchlein gegenüber ein Schweigebann gebrochen:

17. Juni 2011

Die Worte wollen kaum aufs Papier. Wir werden austragen. Nicht abbrechen. Julius Felix wird, solange er mag, in mir, bei uns sein.

Diese Sätze konnte ich vorher nicht aufschreiben, weil ich Angst vor ihnen gehabt hatte. Doch auch das Gegenteil hätte ich nicht aufzuschreiben gewagt. Sobald ich die Worte schwarz auf weiß vor mir sah, bedeuteten sie mir alles. Das waren die Sätze meiner Befreiung, die ich nun selbst immer wieder und wieder lesen musste, voller Staunen und Erschütterung, und voller Freude, bis ich endlich weiterschreiben konnte:

Stand heute gehen wir davon aus, dass Julius spätestens kurz nach der Geburt zu Gott zurückkehrt – und bis dahin wollen wir jeden Moment für ihn wunderschön gestalten und mit ihm genießen.

Hinter uns liegen die viereinhalb schlimmsten, intensivsten, erschütterndsten Wochen unseres Lebens. Mit nichts vergleichbar.

Wir sind noch in derselben Woche ans Meer gefahren für fünf Tage, haben stundenlang Arm in Arm weinend verbracht, haben ebenso lange Stunden an die Decke gestarrt, leer und gefühlstaub.

Wir haben jeglichen Kontakt zu allen Freunden und Familie untersagt. Nur Susel, Kluttzens, Bastian und die WG wussten Bescheid. Sonst niemand.

Hier sind meine Ankerpunkte, -worte, -momente, die

dazu geführt haben, dass ich mich letztendlich für das Austragen entschieden habe:
Am Tag der Diagnose, noch in der Praxis von Prof. Chaoui, waren meine einzigen Worte: »Gott, bitte heil ihn oder hol ihn.«
Am Meer »God, can you not please take him back?« – »Am I not already preparing you for it?«
Ein Poster in Berlin, das meinen Blick streifte: »Gib die Richtung vor. Schwimm gegen den Strom.«
Noch vor der Fahrt ans Meer: »Lasst die Finger davon. Steht mir nicht im Weg. Haltet Euch raus und lasst mich machen.«
In der einzigen Gebetszeit, die Tibor und ich hatten, um spezifisch Gott zu suchen hinsichtlich einer Ansage, ob Austragen oder nicht, habe ich mich erst bei Gott für meine teilweise Hartherzigkeit entschuldigt und dann bei Julius – dann kamen die zwei prägenden Sätze aus mir heraus, die seitdem (letzte Woche) unser Mantra sind: »Du bist unser Wunschkind, bist gewollt« und »Du wirst immer unser erster Sohn sein«.
Des Weiteren hatte Tibor mehrere Male den Eindruck, dass alles gut werden würde, dass er Frieden über dem Austragen hatte.
Wir haben schonungslos alles dem anderen mitgeteilt, mochte es noch so morbid oder krass klingen. Wir waren offen und ehrlich, haben einander getragen und die Emotionen des anderen stehen lassen. Es gab – und gibt – kein »falsch« oder »richtig«. Frau Fricke hat uns bestätigt, dass wir uns wie selten ein Paar intensiv und schonungslos mit allen Facetten auseinandergesetzt, dass wir kein Blatt ungewendet gelassen haben – dass wir sämtliche Gefühle, Optionen, Gedanken miteinander durchlebt und durchgearbeitet haben – so dass wir zu einer gereiften Entscheidung kommen konnten.

Wir haben nun eine Entscheidung getroffen, zu der wir beide hundertprozentig stehen, über der wir beide diesen tiefen Frieden mit Gott haben. Dieser Frieden, der unser Ankerpunkt sein wird für all die kommenden Momente, in denen wir zweifeln, verzweifeln und alles in Frage stellen. Dann heißt es: Zurück zu diesem tiefen Frieden. Dort wieder ankommen, zur Ruhe kommen. Vergewissern. Neu durchstarten. So machen wir es seit fünf Jahren in unserer Ehe. So haben wir es mit jeder wichtigen Entscheidung gemacht.

Als ich das Tagebuch zuklappte, atmete ich auf. Ich setzte mich an den Computer, um eine Mitfahrgelegenheit für die nächsten Tage zu suchen. Endlich konnten wir wieder zu meinen Eltern fahren, zu meinen anderen beiden Geschwistern. Endlich wieder sprechen, erzählen, umarmen.

Kleiner Klopfer

Mein Bäuchlein war nun schon gut zu sehen. Ich hinterließ bei allen, die mich so sahen, einen gesunden und rosigen Eindruck, wie mir immer wieder versichert wurde – jedenfalls wirkte ich nicht, als würde ich ein todgeweihtes Baby in mir tragen. Ich war eine stolze Mutter, eine schöne Schwangere, auch wenn ich andere Schwangere mied, so gut es ging: Ich war nicht beim Schwangerenpilates, und ich nahm an keinem Schwangerenschwimmen teil. Was hätte ich auch besprechen sollen mit den anderen werdenden Müttern? Wie groß mein Baby schon sei, wann der Geburtstermin sei und welches Krankenhaus ich für eine tolle, sanfte Geburt in die engere Wahl gezogen hätte? Ich könnte keiner dieser Mütter erklären, dass mein Baby zwar völlig wohl gebildet war, aber einen zu kleinen Kopf hatte, aus dem Gehirn und Rückenmark austraten. Ich könnte ihnen nicht sagen, dass mein Geburtstermin gleichzeitig das Todesdatum meines Kindes sein könnte und dass ich das Krankenhaus allein nach dem Kriterium ausgesucht hatte, meinem Kind die Möglichkeit zu bieten, dort friedlich sterben zu können. Es schmerzte mich jedes Mal, wenn mir eine glückliche oder auch abgespannte Mutter ein Neugeborenes im Kinderwagen entgegenschob oder wenn mir an der von blühenden Bäumen gesäumten Kastanienallee einer der zahlreichen Väter mit vor die Brust geschnalltem Baby entgegenkam. Besonders bei diesem Anblick senkte ich sofort den Blick, um meine Tränen zu verbergen – weil ich wusste, dass mein Mann nie so mit Julius unterwegs sein würde. Weil ich wusste, dass er nichts auf der Welt lieber getan hätte als genau das, und weil ich wusste, dass es ihm bei einem solchen Anblick genauso das Herz zerriss wie mir.

Das war die dunkle Seite dieser Medaille. Wir wussten aber beide, dass unsere Situation bittersüß war, denn es gab auch eine helle Seite: Was uns durch diese glückseligen und gleichzeitig betrübten Schwangerschaftswochen hindurch trug, war das tiefe Wissen, dass ich genauso wie Tibor meinen Frieden mit unserer Entscheidung gefunden hatte. Ein Frieden, der durch nichts gestört werden konnte. Ein Frieden, auf den wir uns zurückfallen lassen konnten, wenn ich zum Beispiel im Drogeriemarkt Spülmittel kaufte und mich einen Augenblick später im Gang mit den Babysachen wiederfand, den Tränen nahe. Wenn ich an das dachte, was mir bevorstand – an das Begräbnis meines eigenen Kindes. Wenn ich an der Mütterrunde am Spielplatz im Park gleich neben unserem Haus vorbeikam. In alledem fanden wir uns beide in tiefer Ruhe, wenn auch in tiefer Traurigkeit. Wir genossen die Schwangerschaft in vollen Zügen. Da waren Momente, in denen ich realisierte, dass ich mein Kind wirklich austragen würde. Die dauerten manchmal nur Sekunden und fühlten sich an wie Geistesblitze:

Ja, ich trage unseren ersten Sohn unter meinem Herzen. Ich bin Mama, Tibor ist Papa. Das kann uns keiner nehmen. Wir sind nun endlich eine kleine eigene Familie – auch wenn wir uns vieles so anders vorgestellt hatten.

Manchmal musste ich auch mit Schaudern daran denken, wie die Reaktionen meiner Umgebung ausgefallen wären, hätte ich mich für eine Abtreibung entschieden. Ich wusste, dass ich dann von vielen Leuten aus unserem Bekanntenkreis ausgegrenzt gewesen wäre. Dann hätte ich bei etlichen dieser Schulterklopfer verloren, die mich jetzt mit E-Mails bombardierten: »Super, eure Entscheidung, gratuliere …« Manche dieser »Solidaritätsadressen« bereiteten mir richtig Angst. »Wenn Ihr wüsstet«, musste ich denken, »durch welche Höllen wir gegangen sind! Wenn Ihr wüsstet, wie schlimm manche Stunde, mancher Tag für uns ist!« Gleichzeitig war mir klar, dass diese Leute keine Ahnung hatten, was uns nun erwartete. Was wir noch durchstehen müssten. Sie wussten nur eines sicher: dass sie nichts mit unserem Kind, mit unserer Situation, mit unseren Schwierigkeiten zu tun haben würden. Sie wussten genau, dass sie in ihren E-Mails von Schuhen sprachen, die sie niemals würden tragen müssen – was sie deshalb auch leichtfertig darüber sprechen ließ.

In solchen Wechselbädern der Gefühle fuhren Tibor und ich in die Oberlausitz auf den Reiterhof meiner Eltern. Wir erwischten ein prächtiges Frühsommerwochenende, die Natur stand in sattem Grün. Wir saßen draußen, aßen einen wunderbaren Braten mit vielerlei Gemüse und Beilagen, die meine Mutter perfekt wie immer zubereitet hatte. Ich fand es erstaunlich, dass wir einander nun so lange nicht gesehen hatten, dass in der Zwischenzeit so viel passiert war, dass ganze Welten zusammengebrochen waren in dieser Zeit und dass ich trotzdem nicht viel reden musste. Meiner Mutter reichte es völlig, dass wir da waren, dass sie mich sehen, mich umarmen konnte – dadurch wusste sie ohnehin, wie es um mich stand. Ihr genügte es, dass ich die Ereignisse der vergangenen Wochen in groben Zügen erzählte. Sie sprach an diesem Wochenende viel von meinem kleinen Bruder Justus, wie es war, als sie von seiner Behinderung erfahren hat. Auch sie hatte eine unangenehme Erinnerung an eine humangenetische Beratung, nach der sie gedacht hatte, dass es kein Wunder wäre, wenn sich eine Erstgebärende an ihrer Stelle Hals über Kopf für eine Abtreibung entschieden hätte. Einer der Ärzte hatte ihr damals prophezeit, dass Justus wohl einen offenen Rücken hätte – ein Irrtum, wie sich später herausstellen sollte. Ein anderer Arzt hatte ihr eine Fruchtwasserpunktion angeboten – beim damaligen Stand der Technik noch eine riskante Untersuchung, deren Gefahren durch nichts zu rechtfertigen waren, zumal sich meine Mutter ohnehin längst entschieden hatte, ihr Kind auszutragen.

So war meine Mutter mehr als froh über unsere Entscheidung. Sie sagte uns aber auch, dass sie eine Abtreibung gut verstanden hätte – immerhin war ihr klar, dass die Behinderung von Justus viel weniger schwer wog als die unseres Sohnes Julius. Ich dankte ihr für ihr Verständnis und ihre Einfühlsamkeit. Sie erzählte uns auch, dass sie mehrmals drauf und dran gewesen sei, sich ins Auto zu setzen und nach Berlin zu kommen, weil es ihr fast das Herz zerrissen habe, ihre Tochter in einer so schrecklichen Situation zu wissen, ohne ihr beistehen zu können.

Ich verstand ihre Gefühle gut, war aber froh, dass sie das nicht getan hatte. Ich war froh über den Einklang, den wir als Mutter und Tochter nur deshalb miteinander haben konnten, weil wir uns in der schwierigsten Zeit eben nicht aneinander hatten reiben müssen. Ich bin nicht sicher, ob ich die Kraft gehabt hätte, zu meiner Trauer auch noch die Trauer meiner Mutter mitzutragen, was bei einem Zusammensein während dieser Wochen sicherlich passiert wäre. Ich hatte gerade noch die Kraft für mich, für Julius und für meinen Mann, aber für niemanden sonst.

So wurde unser Wochenende in der Oberlausitz angenehm ruhig, mit kurzen Gesprächen, langsamen Spaziergängen und stillem Zusammensitzen im Wohnzimmer, wobei immer wieder dem einen oder anderen die Tränen kamen. Als ich am Samstagmittag nach dem Essen allein auf dem Bett im Gästezimmer lag, war ich ganz bei mir,

Einzug in unsere neue Wohnung in Neukölln: Ich war den Männern keine große Hilfe beim Kisten- und Möbelschleppen …

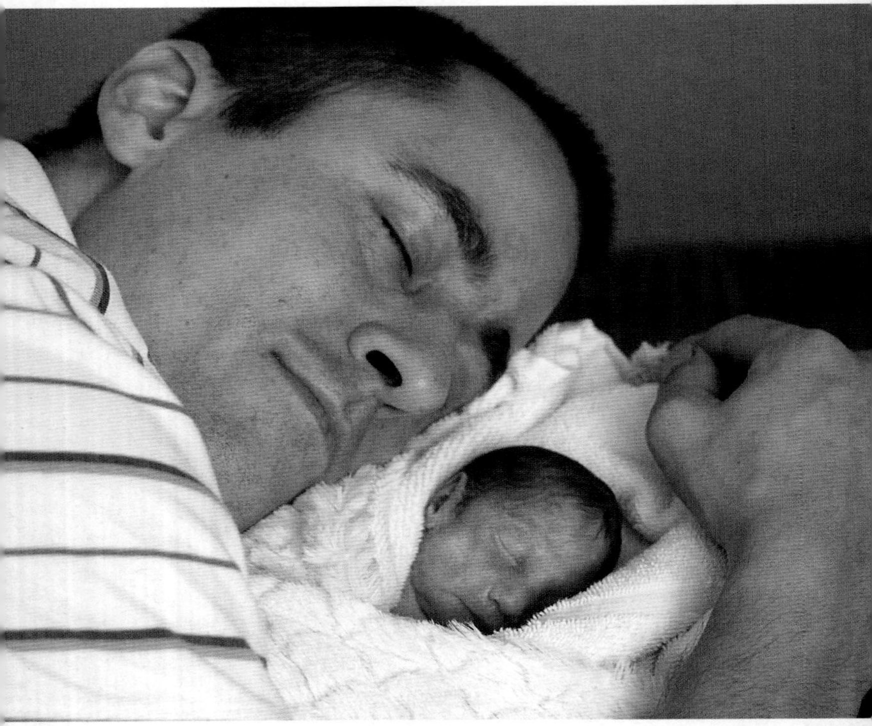

Eine kostbare Erfahrung …

... Kuscheln mit Julius

Trauerarbeit: Wir bemalen das Bettchen von Julius

Im Café auf dem Friedhof: Bernd hat alles liebevoll arrangiert.

oben: Unser schwerster Gang – der Weg zum »Garten der Sternenkinder«
rechte Seite: Träume zugeschüttet, Zukunft begraben
Wir waren dankbar für jeden, der gekommen war, mit uns weinte, mit uns schwieg und uns zur Seite stand.

Ein Ziel vor Augen: Ich laufe mit beim Berliner Halbmarathon am 1. April 2012.

friedlich, glückselig, mit unserem Julius schwanger zu sein. Ich redete mit ihm und erklärte ihm, dass ich mich ein bisschen hinlegen wollte, um zu entspannen. Plötzlich musste ich innerlich aufhorchen: Hatte jemand angeklopft? War da ein kleines Klopfen in meinem Bauch gewesen?

In dem Moment kam Tibor zur Tür herein. Ich bedeutete ihm sofort, still zu sein, und winkte ihn wortlos zu mir her. Er hatte keine Ahnung, was los war.

»Hand! Hand! Hand!«, flüsterte ich ihm aufgeregt zu aus Angst, ich könnte die von mir gespürten Bewegungen durch allzu lautes Sprechen vertreiben.

Geduldig, aber immer noch ahnungslos reichte er mir seine rechte Hand, die ich behutsam ergriff und vorsichtig auf meine Bauchdecke legte. Tibor saß nun auf der Bettkante, ich lag regungslos neben ihm. Wir warteten still. Über Tibors Gesicht huschte ein Lächeln, denn nun verstand er, was ich wollte.

Buff.

Nun spürte auch er deutlich die Bewegung in meinem Bauch, das Klopfen von innen.

Buff.

Noch einmal. Das war Julius gewesen! Zum ersten Mal hatten wir mitbekommen, wie sich unser Sohn regte. Wie er sich bewegte als eigenständiger Mensch, der er schon längst war. Uns kamen die Tränen, von einem Moment auf den anderen. Ich hatte Julius schon länger gefühlt in mir, wenn auch noch nicht so deutlich in einer Bewegung, und Tibor hatte das erste Mal überhaupt seinen Sohn spüren können. Das war ein großer Moment, wir fühlten das beide, ein schöner Moment. Tibor beugte sich zu Julius und redete mit ihm. Wir nannten ihn von da an »kleiner Klopfer«.

Am nächsten Morgen war ich auf dem Weg unter die Dusche, als Tibor mich fragte, ob ich mein Handy schon auf laut gestellt hätte.

»Morgens um neun?«, fragte ich ungläubig zurück, »wer soll da schon anrufen?«

Ich war noch viel zu sehr in den viereinhalb Wochen unserer selbstgewählten Isolation gefangen, um an mein Telefon zu denken, und auch schon viel zu weit weg vom Diktat der ständigen telefonischen Erreichbarkeit, zu dem ich all die Jahre zuvor in meinem Beruf verpflichtet gewesen war.

»Okay, ich mach's an.«

Sobald ich aus der Dusche kam, klingelte es tatsächlich. Überrascht nahm ich den Anruf einer mir unbekannten Berliner Nummer an.

»Hallo, Frau Bohg, ich wollte Ihnen nur sagen, dass ich mich für Sie entschieden habe und Sie die Wohnung bekommen«, hörte ich eine freundliche Stimme aus dem Handy. »Ich freue mich, dass Sie die Mieter sein werden. Da war noch ein zweites Pärchen in der engeren Wahl, aber Sie beide waren mir so sympathisch …«

Ich musste mich extrem zusammenreißen, um nicht sofort vor Glück loszujubeln, sondern mich zuerst freundlich zu bedanken und das Gespräch höflich zu beenden. Danach lief ich schreiend in die Küche, wo Tibor und meine Mutter standen, und sprang wie verrückt im Kreis.

»Wir haben die Wohnung! Wir haben die Wohnung!«

Tibor und meine Mutter jubelten, und sowohl bei mir als auch bei Tibor machte sich eine gewaltige Erleichterung breit: Nun wussten wir also, wo wir in weniger als zwei Wochen sein konnten, wenn wir unsere Sachen kommen lassen und endlich aus der WG ausziehen würden – diese Unsicherheit hatte uns schwer im Magen gelegen.

Unser Nest

Zurück in Berlin, hatten wir wieder einen Termin bei Dr. Abou-Dakn im St. Joseph Krankenhaus. Die Atmosphäre war genauso angenehm wie beim letzten Mal, nur noch entspannter, weil wir den Chef der Gynäkologie nun schon ein wenig kannten und wussten, dass wir herzlich empfangen werden. Ich musste Julius nicht mehr beruhigen, erklärte ihm nur, dass wir gemeinsam mit dem Onkel Doktor schauen wollten, wie viel er inzwischen gewachsen war. Julius wirkte entspannt.

»Hier will dir keiner was, keine Angst«, flüsterte Tibor in Richtung meines Bauches. Wir schauten einander an und gingen zusammen ruhig in das Behandlungszimmer.

Ein Oberarzt untersuchte mich noch mal mit dem Ultraschall, doch wie erwartet gab es keine Neuigkeiten außer der, dass sich Julius heute einen Spaß daraus zu machen schien, mit dem Arzt Fangen zu spielen.

»Mensch Kleiner, was hast du denn heute zum Frühstück gegessen? Du strampelst hier ganz schön herum …«, lachte der Oberarzt.

Wie sein Chef sprach auch er Julius direkt an, als Mensch, und redete über ihn nicht wie über ein medizinisches Problem. Natürlich war auch ihm das Interesse daran anzumerken, dass Julius einen extrem seltenen Befund hatte, aber er sprach stets mit Wertschätzung über ihn, mit Respekt vor dem ungeborenen Leben. Er vermaß den Umfang seines Köpfchens und auch den der dort austretenden Cele. Das tat er aber nicht aus wissenschaftlichem, sondern aus praktischem Interesse: Er musste wissen, ob Julius durch den Geburtskanal passt oder über einen Kaiserschnitt entbunden werden muss. Glücklicherweise kam er zu dem Schluss, dass zum derzeitigen Stand eine natürliche Geburt möglich wäre …

Als wir das Ergebnis der Untersuchung mit dem Chefarzt diskutierten, fragte der mich, ob ich etwa Medizin studiert hätte, weil ich alle Fachwörter kannte, die er verwendete. Ich winkte nur müde ab.

»Seit Wochen habe ich kein anderes Thema …«

Jedenfalls war ich mehr als erleichtert, das Resultat der Untersuchungen schwarz auf weiß mit nach Hause nehmen zu können:

Patientin ist über den Befund informiert – wünscht keine medizinische Intervention – sanfte Geburt in unserem Haus wird ermöglicht.

Am nächsten Wochenende flogen wir nach Stuttgart, um die Familie meines Mannes zu sehen. Da die Eltern getrennt leben, besuchten wir sie einzeln. Bei Tibors Mutter war die Stimmung zuerst verhalten. Sosehr sie sich ursprünglich auf ihr Enkelkind gefreut hatte, so tief betrübt und traurig war sie darüber, dass sie Julius nicht würde verwöhnen können. Wir übernachteten bei Tibors Schwester, und ich lag nachmittags auf dem Balkon und ließ mir die Sonne auf den Bauch scheinen. Julius liebte die Sonne, er klopfte immer wieder, und ich klopfte an derselben Stelle zurück, dann wieder er, dann wieder ich. Wir hatten unseren Spaß. Nach kurzer Zeit merkte ich, wie meine Schwiegermutter um mich herumschlich, als wage sie sich nicht so recht in meine Nähe. Ich bat Tibor, sie auf das Thema anzusprechen und sie zu mir auf den Balkon zu schicken. Tibor hatte ihre Unsicherheit auch schon bemerkt, redete kurz mit ihr, umarmte sie, schob sie dann regelrecht hinaus und schloss die Tür hinter ihr. Ich nahm ihre Hand und legte sie einfach kommentarlos auf den Bauch. Die Wirkung trat sofort ein.

Tränen liefen über ihre Wangen, die Blockade war von einem Moment auf den anderen aufgehoben.

»Gott nimmt mir meinen Enkel«, sagte sie traurig, unter Tränen, und umarmte mich.

Das war die Schwiegermutter, die ich kannte: nah, emotional, dicht. Mit einem direkten Zugang zu ihrer Gefühlswelt, der an diesem Wochenende verständlicherweise anfangs verschüttet war durch all die Ängste, Sorgen und Fragen, die sich für sie mit dem Zustand von Julius verbunden hatten. Doch nun war der Damm gebrochen: Wir sprachen offen über alles, tauschten unsere Gefühle aus und verbrachten noch einen entspannten Nachmittag und Abend mit ihr sowie mit Tibors Bruder und Schwester.

Nicht ganz so entspannt ging es tags darauf bei Tibors Vater zu. Die Stimmung war seltsam, keineswegs offen oder auch nur annähernd so natürlich wie bei Tibors Mutter und seinen Geschwistern. Wir waren erleichtert, als wir wieder in der Maschine von Stuttgart nach Berlin saßen.

Am nächsten Tag in Berlin hatten wir schon um acht Uhr morgens einen Termin bei unserer Psychologin. Wir hatten sie per E-Mail über unsere Entscheidung informiert, nun erzählten wir ihr von unseren Reisen zu den Eltern von Tibor und mir. Sie lobte noch einmal die Konsequenz unserer Vorgehensweise und tat alles, um uns auf die bevorstehende schwere Zeit vorzubereiten. Wir sollten mit unserer Kraft haushalten, das war ihr wichtigster Ratschlag, wir sollten uns nicht verausgaben. Wir sollten uns schützen.

»Ihre Seelen haben weiterhin gewaltige Lasten zu tragen. Muten Sie sich nicht mehr zu als unbedingt notwendig. Schützen Sie sich, passen Sie aufeinander gut auf.«

Nachmittags kam die Umzugsfirma mit unseren Möbeln,

die bis dahin im Haus von Tibors Vater eingelagert waren. Ich stand an einem Fenster unserer neuen Wohnung und sah abwechselnd auf die Berge von Umzugskartons, die sich vor mir stapelten, und auf die sich im Wind wiegenden Bäume vor dem Fenster. Beim Anblick des stillen Innenhofs war ich völlig entspannt, doch der Berg an Aufgaben, der sich vor mir aufzutürmen begann, beunruhigte mich ein wenig. Die beiden Männer des Umzugsunternehmens hatten um zwei Uhr nachmittags mit dem Ausladen begonnen, und keine halbe Stunde später kam mir Tibor mit den ersten Kisten entgegen, obwohl das nicht seine Aufgabe war – aber die beiden Männer waren sehr dankbar für zwei weitere Hände, denn ihr Chef hatte ihnen nicht mitgeteilt, dass die Wohnung sich im Hinterhaus befindet, ohne Lift und im vierten Stock eines Berliner Altbaus. Auch ich trug ein paar leichtere Dinge die vier Stockwerke hinauf, bis ich so außer Puste war, das ich mich auf eine der vielen Kisten setzen musste. Erst um neun Uhr abends war alles oben, und wir konnten erschöpft für eine letzte Nacht in unsere WG zurückkehren.

Von dort zogen wir am nächsten Tag in unsere neue Wohnung um. Wir waren der Meinung, dass sich in dem halben Jahr, das wir in der WG gelebt hatten, nicht viel angesammelt hatte – doch einen kleinen Transporter bekamen wir trotzdem gut gefüllt. Immer hatten wir versucht, uns mit möglichst wenig materiellen Dingen zu umgeben, möglichst wenig Ballast anzusammeln. Ich staunte trotzdem nicht schlecht ob all der Kisten, die auf mich warteten – immerhin würde Tibor am nächsten Tag zu arbeiten beginnen, und ich würde größtenteils auf mich allein gestellt sein mit dem Auspacken – oder, besser gesagt, Julius und ich würden auf uns beide allein gestellt sein, denn unser Sohn machte sich von Tag zu Tag mehr bemerkbar – auch durch meinen wachsenden Bauchumfang.

Dass Tibor arbeiten ging, sollte für mich eine noch größere Umstellung bedeuten als das Leben in unserem neuen Nest, was an und für sich eine feine Sache war, weil wir nun endlich auch für uns sein konnten, ohne das ständige Gefühl, Rücksicht nehmen zu müssen auf die anderen Bewohner der WG oder auch ohne den dauernden Drang, die eigene Trauer nicht zu sehr auf die anderen überschwappen zu lassen. So saß ich Tag um Tag mit meinem Teppichmesser bewaffnet zwischen den Umzugskartons auf dem Boden und schnitt die unzähligen Klebebänder auf, die unseren Hausrat schützten. Unser kompletter Haushalt war von einem amerikanischen Umzugsunternehmen gepackt worden und sehr bruchsicher verstaut: Jeder einzelne Gegenstand war mit unzähligen Schichten Papier, Noppenfolie und Klebestreifen gesichert – und dadurch war alles heil über den Ozean gekommen. Nachdem ich die ersten Kartons geöffnet hatte, wusste ich, dass ich in dem Schneckentempo, das ich in meiner Situation vorlegte, wochenlang brauchen würde, um alles wieder ans Tageslicht zu befördern.

So wühlte ich mich langsam und bedächtig wie ein Maulwurf durch die Berge, Halden und Täler, die unsere über hundertfünfzig Umzugskartons mit dem daraus hervorquellenden Verpackungsmaterial bildeten. Es machte Spaß, es war wie Weihnachten, seine Sachen endlich nach einem halben Jahr wiederzusehen. Ich redete viel mit Julius, erklärte ihm, was ich gerade machte. Das Erste, was ich suchte, fand und auspackte, war mein großer gelber Meditationssessel. Ihn brauchte ich, denn er war perfekt geeignet für meine Pausen, in denen ich die Beine hochlegte, den Blick zum Fenster hinaus gen Himmel richtete, den zwitschernden Vögeln lauschte und Julius' Klopfen in mir spürte.

Meine Arbeit wurde nur unterbrochen von den Gängen

zum Einkaufen, zum Arzt und zur Psychologin. Auch lebte ich in dieser Zeit ungefähr so zurückgezogen wie ein Maulwurf. Am liebsten verkroch ich mich in meine Höhle, die zwischen all den Kisten und Kartons langsam Form annahm, andere Menschen mied ich, so gut es ging. Ich fühlte mich noch lange nicht gefestigt genug, um die Gegenwart anderer auszuhalten, war ich doch immer noch ziemlich nahe am Wasser gebaut. Damals hatten wir ohnehin noch nicht so viele Freunde oder Bekannte in Berlin, und in unserer neuen Neuköllner Umgebung kannte ich noch keine Menschenseele. An manchen Tagen machte ich morgens nur den Kaffee für Tibor, setzte mich mit ihm zusammen an den Frühstückstisch und schlüpfte sofort wieder ins Bett, um erst mal ins Kissen zu schluchzen, sobald er aus der Tür war. Dann hatte ich jedes Mal genug damit zu tun, mich für die seltenen, aber notwendigen Gänge nach draußen schön zu machen.

Einer dieser Gänge führte mich am Tag nach dem Umzug ein letztes Mal zur Untersuchung in die Friedrichstraße. Ich berichtete Frau Dr. Sarut López von unserer Entscheidung, das Kind auszutragen. Beim Ultraschall fragte sie mich unsicher, ob sie denn für mich ein Foto von meinem Kind ausdrucken solle. Ich wusste, dass die Mütter normalerweise immer so ein Souvenir von ihrem Ungeborenen mit nach Hause bekommen.

»Na klar«, sagte ich wie aus der Pistole geschossen.

Die Ärztin probierte es mehrere Male, ein Foto von Julius' Gesicht zu machen, was sich alle Eltern wünschen, denn die Bilder, die diese 3-D-Ultraschallgeräte produzieren, sind sehr lebensecht. Doch der Kleine drehte sich ununterbrochen und schob auch noch seine Ärmchen ständig vor sein Gesicht. Ich konnte auf dem Monitor hautnah mitverfolgen, wie Julius sich richtig versteckte vor der Ärztin, so dass nichts zu machen war. Also bekam ich kein

Porträt von ihm mit, dafür aber ein präzises Bild des Oberkörpers.

Ich konnte kaum Tibors ersten Feierabend erwarten, um ihm das Bild zu zeigen.

»Boah, der hat ja dieselben Oberarme wie sein Papa, genauso stark!«, entfuhr es ihm spontan.

Ich wusste nicht, ob ich weinen oder lachen sollte, entschied mich dann aber für Letzteres. Wieder einer dieser bittersüßen Momente: Außer den Oberarmen, die tatsächlich richtig muskulös aussahen, konnte man natürlich auch die Cele am Hinterkopf sehen.

Wir mussten beide noch mal losprusten – um uns kurz danach aber wieder weinend in den Armen zu liegen. So war das damals immer wieder: Wir konnten lachen und uns über unseren Sohn freuen, um im nächsten Moment doch nur an die Cele denken und dem Tod ins Auge sehen zu müssen.

Es war schön, zwischen solchen Momenten auch mal eine normale Schwangere zu sein: Etwa beim Italiener mit Tibor zu Abend zu essen, wenn der Kellner freudestrahlend an den Tisch kommt:

»Ah, un bambino! Fünfter Monat? Sechster Monat? Was wird's denn?«

»Ein Junge«, sagte Tibor darauf genauso freudig, und der Kellner klopfte ihm anerkennend auf die Schulter.

»Super, Mann!«

In solchen Momenten freuten wir uns aufrichtig, auch wenn wir uns gleichzeitig dachten, wenn der wüsste … Und wir sagten nichts in so einem Fall, wir wollten diese besonderen Momente nicht zerstören. Wir genossen die Schwangerschaft.

Ich war froh, dass die meisten meiner Kontakte in dieser Zeit über Briefe oder E-Mails liefen – das hatte den Vorteil, dass sich die Leute sammeln konnten, dass sie erst mal nachdenken konnten, bevor sie auf unsere Mitteilung über Julius und seinen Zustand reagierten. Es hätte mich völlig überfordert, jeder Bekannten einzeln telefonisch zu erzählen, was passiert war, ich wäre mit den hochemotionalen Reaktionen kaum fertiggeworden. Das wurde mir klar, wenn ich so einfühlsame E-Mails las wie diese aus unserem alten Wohnort im bayerischen Hof:

Ich musste heute ganz doll an Euch denken, und ich möchte Euch schreiben, warum.
Ich bin, seit Ihr von Hof weggegangen seid, mal wieder in Köditz joggen gewesen. Wisst Ihr noch – beim Badeteich durch den Wald und auf der anderen Seite auf einer langen Geraden wieder zum Auto. Und mir ist eingefallen, dass die Constanze damals genau bei diesem Lauf ihre neuen Laufschuhe testen wollte. Da es sehr warm war und wir auch schon lange unterwegs waren, haben ihr die Füße so weh getan, dass sie während der langen Strecke zurück einfach barfuß gelaufen ist. ABER sie hat durchgehalten …
Ich drücke Euch von ganzem Herzen fest an mein Herz und freue mich, von Euch zu hören.
In Liebe

Eure Katharina

Die ehemalige Nachbarin hatte sich sicher sehr lange Gedanken über ihre Mitteilung gemacht. Sie hatte nach etwas gesucht, das uns Mut machen und weiterhelfen sollte. Ich war sehr froh über Nachrichten wie diese.

Anderen Freunden hingegen musste ich Mut zusprechen – denen, die uns schrieben, um uns mitzuteilen, dass sie sich nicht trauten, uns anzurufen, weil sie nicht wüssten, was sie uns sagen sollten. Von denen rief ich ein paar an, was sie sehr überraschte. Am allerwenigsten hatten sie damit gerechnet, dass man mit uns immer noch reden konnte, ganz normal, ohne besondere Vorkehrungen oder Sicherheitsmaßnahmen. Ich sagte den Leuten einfach, dass sie sowieso doofe Sachen sagen würden, die uns verletzen oder weh tun könnten, ganz egal, was sie auch sagen wollten – weshalb sie gleich das sagen könnten, was sie eigentlich auf dem Herzen hätten. »Früher oder später«, sagte ich ihnen, »werdet ihr in ein Fettnäpfchen treten, denn rund um uns herum stehen nichts als Fettnäpfchen, alles ist zur Zeit voll davon ...«.

Am schlimmsten waren diejenigen Kontakte, die sich aus uns nicht bekannten Beweggründen nicht mehr meldeten. Das Angeschwiegen-Werden tat und tut immer noch sehr weh. Umso dankbarer waren wir für all diejenigen, die sich mit uns in den Schmerz stellten, die unser Leben mit uns teilten.

Am liebsten bekam ich natürlich Mitteilungen, Hinweise und Nachrichten von meinem Mann. Viele davon sandte er mir täglich von unterwegs oder vom Büro aus per E-Mail oder SMS. An ihnen und an meinen Antworten kann ich heute noch am besten ablesen, wie es uns damals ging:

Tibor: Ich liebe Dich, und heute ist ein wunderbarer Tag
Constanze: Julius tritt und klopft grad wieder wie verrückt
Tibor: Dann ist das indische Essen ihm wohl gut bekommen (-:. Grüße ihn bitte von mir. Kuss Kuss

Manchmal war ich einfach nur so berührt von dem, was in mir passierte, dass ich gar nicht anders konnte, als an Tibor zu schreiben:

Constanze: Ich gebe ihm Morse-Klopf-Zeichen vom Papa. Ich liege hier grad und beobachte voller Entzücken, wie meine Bauchdecke alle paar Minuten von einem herzhaften Tritt unseres Sohnes gewölbt wird. Ich bin Dir so dankbar, dass Du uns/mir diese Zeit ermöglichst, indem Du den ganzen Tag und die ganze Woche auf Arbeit bist.
Tibor: Ich freue mich so sehr für Dich und dass ich Dir diese sorgenfreie entspannte Zeit ermöglichen kann (-: Und mein Job ist toll!

Oft ging es mir nur um Kleinigkeiten, die ich meinem Mann mitteilen musste:

Constanze: Unser Sohn mag Keith Jarrett. Ist grad eingepennt, als ich die Musik auf dem Laptop angemacht habe
Tibor: Unser Kleiner hat Geschmack. (-:

Manchmal ging es mir auch so schlecht, dass mir meine SMS an Tibor wie Notrufe einer Ertrinkenden vorkamen:

Constanze: Please pray for me. I'm having a breakdown in our kitchen over the pain and grief to come with losing our son so soon. I can't stop crying right now. It hurts so much (manchmal schrieb ich aus Gewohnheit englisch).

In diesem Fall rief Tibor mich sofort an, und wir redeten miteinander, beteten.

Constanze: Nachdem Du mit mir gebetet hast, bin ich ruhiger geworden. Danke ganz sehr, dass Du mich umgehend angerufen hast. Ich bin total erschöpft im

Kopf vom Weinen heute, aber ich weiß auch, dass es rausmuss ... und Julius streckt grad wieder den Popo raus
Tibor: Streicheln! Will halt gepomiezelt werden

Jedenfalls ging es bei unseren Konversationen selten nur um irgendetwas Alltägliches, sondern immer auch um Julius:

Constanze: Krass, wie die Zeit jetzt rennt. Ich hab dem Kleinen grad erzählt, was er für einen tollen Papa hat, der arbeiten ist, damit wir zwei zusammen zu Hause sein können und die Zweisamkeit ohne Stress genießen können. Da hat er gleich losgestrampelt. Wir sind so stolz auf Dich. Deine zwei von daheim
Tibor: Danke Ihr Süßen. Trommel Trommel

Manchmal waren mir die Tage ohne Tibor zu lang. Dann nahm ich mittags die U-Bahn zu ihm nach Charlottenburg. Er kam mit seinem Lunchpaket aus dem Büro, und wir gingen in einen nahen Park, machten es uns auf einer Bank gemütlich und genossen die Sonne. In solchen Momenten waren wir alle drei im Glück: Ich hatte meinen Tibor, er hatte seinen Sohn, und Julius genoss es, die Hand seines Papas auf der Bauchdecke zu spüren.

Die Wege dorthin und wieder zurück nach Hause waren für mich nicht ohne: Wenn sich in der U-Bahn eine Familie mit Baby direkt neben mich setzte, liefen mir sofort die Tränen, noch dazu, weil ich spürte, wie Julius das U-Bahn-Fahren liebte – in den Kurven und bei all dem Geruckel machte er einen Radau im Bauch wie sonst nie. Hart war für mich, bei meinen unvermeidlichen Gängen über den Ku'damm an dem Geschäft mit den Umstandsmoden und der Kleinkinderbekleidung vorbeizukommen – dabei wurde es mir jedes Mal körperlich schlecht, weil mir dabei immer bewusst war, dass ich hier nie einkaufen gehen würde. Dass ich meinem Sohn hier nie eine Erstausstattung, einen Babytragesack oder ein Jäckchen würde kaufen können.

Umso größer war meine Freude abends, wenn Tibor aus dem Büro zurückkam. Dazu hatten wir ein Ritual entwickelt: Abends fing ich mit dem Kochen an, sobald Tibor aus der U-Bahn anrief, um zu sagen, dass er unterwegs sei. Ich hatte das Gefühl, dass Julius just in diesen Momenten extra stark im Bauch klopfte, als hätte er verstanden, dass der Papa gleich nach Hause kommt. Als der schließlich die Wohnung betrat, küsste er immer zuerst mich, dann, eine Etage tiefer auf den Bauch, seinen Sohn Julius.

»Hier ist dein Papa«, sagte er stets mit besonderer Betonung, und wieder klopfte unser Sohn meistens wie verrückt.

Wir genossen das so sehr. Was hätten wir uns selbst weggenommen, dachte ich manchmal, wenn wir ihn abgetrieben hätten.

Einmal war ich besonders mutig in jenen Tagen und wollte mich mit meiner Freundin Suse aus Frankfurt am Main treffen, die gerade auf Heimatbesuch in Ilmenau war. Irgendwo auf dem Weg zwischen dort und Berlin wollten wir uns sehen, etwa in Leipzig – doch ich musste einen Rückzieher machen. Ich merkte, dass ich es nicht aushalten würde, Suse mit ihren beiden kleinen Jungs zu sehen, die sie zu dem Treffen mitbringen würde. Ich merkte, dass ich dazu noch nicht die Kraft hatte, dass ich auch nicht stundenlang in einem Zug voller Menschen sitzen konnte. Mir ging dieser Zustand selbst auf den Nerv, aber ich konnte es nicht ändern. So kam Suse nach Berlin, ohne die Jungs.

Wir setzten uns in ein Café am Maybachufer, und sie sagte mir, dass sie Angst um mich habe, wenn sie an November denke, dass sie mitgelitten habe in den viereinhalb Wochen, aber jetzt erst mal erleichtert und erstaunt sei, dass sie mich so fröhlich sehe.

»Du wirkst gelassen, du ruhst total in dir …«

Diesen Satz konnte ich voll und ganz annehmen – ja, ich ruhte in mir. Ich war eine glückliche Schwangere, stolz auf meinen Bauch, erfreut über all die kleinen aufmerksamen Gesten von Fremden in meinem Alltag.

Außer meinen Bruder Sebastian trafen wir nach unseren viereinhalb Wochen totaler Abgeschiedenheit auch ab und zu Tibors Großvater und dessen Lebensgefährtin Heidi. Die beiden leben in einem Häuschen mit Garten im südlichsten Zipfel des Berliner Bezirks Steglitz. Wir saßen damals ein paar Mal mit Opa und Heidi im Garten, meistens bei Kaffee und Kuchen. Mir war es wichtig, dass Julius seinen Uropa und Heidi kennenlernt, dass er ihre Stimmen hört, ihre Nähe fühlt.

Am liebsten saß ich aber zu Hause in meinem Sessel. Von dort blinzelte ich in die Sonne über dem Hof, lauschte dem Blätterrauschen der Pappeln dort draußen und dem Vogelgezwitscher in den Baumkronen und sang für Julius:

Du bist gewollt, kein Kind des Zufalls,
keine Laune der Natur,
ganz egal, ob du dein Lebenslied
in Moll singst oder Dur.
Du bist ein Gedanke Gottes,
ein genialer noch dazu.
Du bist du – das ist der Clou,
ja der Clou: Ja, du bist du …

Manchmal bekam ich den Refrain des Liedes kaum heraus vor Heulen und Schluchzen, aber ich konnte nicht anders, als immer wieder damit anzufangen, wie ein Mantra, das man immer und immer wiederholen muss, damit es seine geheimen Kräfte entfalten kann.

Manche dieser Sachen erzählte ich bei meinen Besuchen bei der Psychologin: »Frau Fricke, ich habe gestern überhaupt nichts geschafft. Ich habe nur im Bett gesessen und geschlafen und geheult …«

»Frau Bohg«, sagte sie seelenruhig und geduldig, »ihre Seele leistet Schwerstarbeit. Wie ein riesengroßer Muskel unter einer enormen Anstrengung. Unterschätzen Sie das nicht, Frau Bohg. Das ist in Ordnung.«

Da war er wieder, dieser Satz.

»Das ist in Ordnung.«

Was immer wir erzählten, von unseren Zusammenbrüchen, von meinem erstarrten Im-Bett-Liegen, meiner Menschenscheu, unserer Verzweiflung.

»Das ist in Ordnung.«

Von meiner Zukunftsangst, von meinen Selbstzweifeln, von der riesengroßen Trauer, die wie eine Wolke über mir hing.

»Das ist in Ordnung.«

Der Weckruf

In meiner dreiundzwanzigsten Schwangerschaftswoche hatte Julius wie schon einmal zuvor eine Schlafwoche – er rührte sich nicht, klopfte nicht an die Bauchdecke, polterte nicht mal in mir umher, wenn ich mit der rumpelnden U7 fuhr, der Lieblings-U-Bahn-Strecke meines Sohnes. Das waren dann wohl die Zeiten, in denen er nur wuchs, normalerweise vielleicht kein Grund zur Besorgnis. Uns hatte man aber mitgeteilt, dass Julius vielleicht schon sterben würde, während er noch in meinem Bauch ist. Vielleicht stirbt er schon jetzt, dachte ich in dieser Woche immer wieder voller Panik, vielleicht trage ich ein totes Baby in mir.

Ich legte mich tagsüber immer wieder aufs Bett, um ihn besser spüren zu können, doch es tat sich nichts. Ich klopfte auf den Bauch – nichts. Ich fuhr wieder mit der U-Bahn – nichts. Tibor begrüßte den Kleinen wie immer überschwenglich, als er abends nach Hause kam – nichts. Ich war ratlos, hilflos, verzweifelt. Also griff ich zum letzten Mittel, das ich mir vorstellen konnte, zu einer Spieluhr. Die sah von außen aus wie ein Kuscheltier, Suse hatte sie mir bei ihrem Berlinbesuch mitgebracht. Ich mag solche Spieluhren nicht, sie erinnern mich an irgendeinen Psychothriller. Ich hatte sie in einem der Schränke verstaut. Nun kramte ich sie mühsam hervor, zog sie auf und legte mir das Stofftier, das schon seine Melodie abspielte, auf den Bauch.

»Julius, das wird deinen Ohren jetzt vielleicht noch mehr weh tun als meinen, aber bitte tu mir den einen Gefallen und bewege dich!«

Julius begann schon bei den ersten Tönen so schnell zu

strampeln, dass ich selbst erschrak und die Uhr schnell unter ein Kissen stopfte, wo sie weiter vor sich hin dudelte.

»Ist gut, Julius. Tut mir leid! Ich wollte nur wissen, dass es dir gutgeht. Alles okay, wir müssen nicht ins Krankenhaus! Kannst weiterschlafen.«

Das Leben lief weiter nach diesem Weckruf, doch dessen Wirkung blieb mir bis auf weiteres erhalten. Bewegte sich Julius genug? War er noch da? Wir wussten genau, dass die Zeit gegen uns lief, Tag für Tag.

Wir unternahmen so viel es ging miteinander. Wir wollten in der kurzen Erdenzeit unseres Sohnes miteinander viele wunderschöne Erlebnisse haben: Wir machten eine Touristen-Bootsfahrt auf der Spree, besuchten das deutsch-französische Volksfest, kauften uns dort Zuckerwatte und gebrannte Mandeln und fuhren Riesenrad, wozu sich Tibor Julius zuliebe überwinden musste, weil er lieber Achterbahn mochte – aber so wilde Sachen konnten wir mit meinem Bauch nicht unternehmen. Wir hörten mit Julius alle Arten von Livemusik, die man sich nur vorstellen kann – von Klassik im Konzerthaus am Gendarmenmarkt bis zu experimenteller Musik aus Kasachstan. Am Wochenende unternahmen wir Fahrradtouren, gingen ins Museum, fuhren noch einmal zu meinen Eltern in die Oberlausitz oder spazierten durch das uns weniger bekannte Berlin. Das waren Wochen voller Eindrücke, Erlebnisse, Lachen und Pomiezeln. Diese Vokabel hatte Tibor für Julius erfunden, der sich tatsächlich mit seinem Po immer nach oben schob, wenn Tibor mir abends den Bauch einölte.

Diese zwei Seiten der Medaille wechselten Tag für Tag – mal zeigte sich die helle, mal die dunkle Seite. Mir wurde ein Satz immer wichtiger, ja, wurde zu meinem Satz – ich hatte ihn im Buch einer amerikanischen Mutter gelesen, in dem sie über ihre kurze Zeit mit ihrem Sohn Gabriel berichtete, der kurz nach der Geburt gestorben war:

An Abtreibung, hatte Amy Kuebelbeck darin geschrieben, *dachte ich nie. Warum soll man ein Leben, das ohnehin so kurz ist, noch kürzer machen?*

Das hätte ich trotz aller Tränen, die ich vergießen musste, auch nicht gewusst …

Ich bewunderte Tibor, der durch genauso tiefe Täler wie ich gehen, aber trotzdem jeden Morgen so fit sein musste, um gegen acht Uhr das Haus zu verlassen. Seine Chefin fragte ihn eines Tages besorgt, warum er denn immer so ernst, ja fast unglücklich aussehe. Also fasste Tibor sich ein Herz und erzählte ihr unsere Geschichte. Seine Chefin war betroffen und sehr verständnisvoll. So konnte Tibor immer dann früher gehen, wenn wir alle drei als Familie bei den Arztbesuchen erscheinen wollten. Sie gab ihm auch für die Zeit nach Julius' Geburt den Rat, sich in diesem Fall freizunehmen. »Nimm keinen Urlaub«, meinte sie, »lass dich krankschreiben, denn den Urlaub wirst du später noch brauchen!« Tibor erzählte unsere Geschichte kurze Zeit später auch seinen Kollegen und musste nach diesem Gespräch keine mangelnde Anteilnahme fürchten – ganz im Gegenteil: Seine Kollegen waren sehr erschüttert. Sie verstanden es aber auch, ihn auf behutsame und ungezwungene Weise aufzumuntern. Er erklärte ihnen, dass er natürlich traurig sei, dass er manchmal kurz verschwinden müsse, um allein zu sein, aber dann sei es wieder okay. »Wir können gern ein Bier trinken gehen«, sagte er ihnen, »ihr könnt alles fragen, ich kann euch alles erzählen, aber behandelt mich bitte wie einen normalen Menschen …«

Ich dagegen hatte nicht diese tägliche Ablenkung durch eine Arbeitswelt, die mit unseren Problemen nichts zu tun hatte – einerseits leider, andererseits Gott sei Dank, wusste ich doch, dass ich das nicht ertragen hätte. Doch das Problem stellte sich mir nicht – Tibor verdiente für uns beide mehr als genug, und ich konnte mich ganz mit Julius und mir beschäftigen, was mir nicht schwerfiel. Ich hatte sogar das Gefühl, dass alles, was ich in diesen Wochen anfasste, mit Julius zusammenhing, ob ich das wollte oder nicht.

So fragte mich unsere Psychologin Anfang August, ob ich Lust hätte, bei einem Video mitzuwirken, das der »Sozialdienst katholischer Frauen« produzieren lassen wollte. Darin sollten Klientinnen über ihre Erfahrungen mit der Arbeit des SkF berichten. Ich sagte zu, nachdem ich mit Tibor darüber gesprochen hatte.

Als ich dann zum abgemachten Termin erschien, bereute ich meine Entscheidung fast. Ich hatte gedacht, ich käme in einen halbdunklen Raum, wo nur eine Kamera wäre und ein Kameramann und sonst niemand, wo ich mich also geborgen fühlen könnte. Aber es erwartete mich ein grell ausgeleuchtetes Studio mit dem Filmemacher und Kameramann Georg Schönharting, seinem Assistenten, dem Tonmann, seiner Make-up-Frau sowie Mitarbeiterinnen und Klientinnen vom SkF. Ich musste mich zusammenreißen, um nicht auf der Stelle kehrtzumachen und hinauszulaufen. Dann sollte ich noch geschminkt und frisiert werden – wie ich das hasse! Aber selbst dazu ließ ich mich überreden, und schon fand ich mich vor einem weißen, gut ausgeleuchteten Hintergrund wieder, wo ich meine Erfahrungen mit dem Sozialdienst in die Kamera sprechen sollte. Ich wusste nicht so recht, wo ich anfangen sollte, aber der Kameramann stellte mir ein paar Fragen, und ich begann einfach.

Ich war der Meinung, es gehe nur um den SkF, also redete ich anfangs nur darüber. Aber dann dachte ich plötzlich, nein, so funktioniert das nicht, meine eigene Geschichte muss ich erzählen, ohne die wäre ich schließlich nicht hier. Also begann ich von mir zu erzählen, von Julius, von Tibor, von der Diagnose, von der Pränataldiagnostik, in der ich Frau Fricke, die SkF-Mitarbeiterin, kennengelernt hatte.

Ich war so sehr bei der Sache, dass ich kaum bemerkte, wie mir plötzlich die Tränen über die Wangen liefen. Mir wurde das erst klar, als die Visagistin herbeieilte mit einem Tüchlein und Make-up, um mir die Tränen abzutrocknen. Ich sagte ihr aber, dass sie das nicht zu machen brauchte.

»Das hat ohnehin keinen Sinn, denn so geht das jetzt die ganze Zeit!«

Womit ich auch recht behalten sollte. Kurze Zeit später begann auch sie zu weinen, betreten saß sie mir gegenüber und brauchte ihr Tüchlein für ihre eigenen Tränen. Ich redete und redete und merkte, wie alle immer regungsloser und aufmerksamer wurden. Still mussten sie sowieso sein, wegen der Aufnahme, aber nun standen sie alle wie angewurzelt da und starrten mich an.

»… so, das war's«, schloss ich meine Erzählung ab, »jetzt habe ich alles gesagt.«

Die anderen starrten mich immer noch stumm und regungslos an. Sie hatten nicht mit so einer Geschichte gerechnet, sondern mit ein paar netten Anekdoten aus einer Beratungssitzung, vielleicht mit kleinen persönlichen Anmerkungen, und dann hatte ich ihnen mein Leid vorgesetzt, einfach so, eine gute Stunde lang.

Eine andere Klientin aus dem betreuten Wohnen des SkF, Uschi, die eine herzerfrischend umgängliche und auch direkte Art hat, löste die Situation endlich auf.

»Na, dann gehen wir alle mal einen Kaffee trinken.«

Erst jetzt bewegte sich die Gruppe vor mir wieder. Der Filmemacher stellte seine Kamera ab, ein paar Leute kamen zu mir, um sich bei mir für meine Offenheit zu bedanken. Wir saßen dann noch eine Stunde nebenan, in der Küche, tranken Kaffee und redeten. Ich musste viele Fragen beantworten, umarmte viele Leute und konnte mich endlich, völlig erschöpft, wieder auf den Weg in unser Nest machen, in meinen in letzter Zeit so geliebten Rückzugsort. Als ich dort ankam, war ich zwar völlig erledigt, aber auch froh, alles rausgelassen zu haben, was mich bedrückte. Mit keiner Silbe hatte ich an diesem Tag daran gedacht, dass sich aus diesem Nachmittag einige Zeit später dieses Buch ergeben würde.

Am nächsten Tag war ich wieder in meinem medizinischen Alltag gefangen. Ich musste ins St. Joseph Krankenhaus, um mich noch einmal untersuchen zu lassen. Dabei stellten die Ärzte fest, dass ich zu viel Fruchtwasser hatte – ein Symptom, das viele Schwangere mit einem behinderten Baby haben.

Schon in den Tagen davor hatte ich mich hingesetzt und zusammen mit Tibor einen Geburtsplan geschrieben – eine Art Drehbuch für die Geburt, in dem ich festhielt, was uns in diesem Zusammenhang wichtig war:

Geburtsplan für Julius Felix Bohg

In der vierzehnten SSW haben wir erfahren, dass unser Sohn Julius Felix eine occipitale Encephalocele hat. Aufgrund der Hoffnung in unseren Herrn Jesus Christus haben wir entschieden, die Zahl seiner Tage in Gottes Händen zu belassen. Wir wissen nicht, ob Julius Sekunden oder Minuten mit uns sein wird oder ob Gott uns vielleicht Stunden oder Tage, ja sogar Monate mit ihm schenken wird. Deshalb entschieden wir uns, diesen Geburtsplan zusammenzufassen, um schon im Voraus Entscheidungen zu treffen, damit wir die Zeit mit Julius verbringen können, die er mit uns sein wird.

Für die Geburtsvorbereitung:
Falls mir, Constanze Bohg, Medikamente verabreicht werden müssen, dann bitte nur schmerzstillende und nicht betäubende (das heißt, im Kopf nüchtern zu bleiben). Falls nötig, möchten wir eine PDA.
Bitte die Fruchtblase nicht zum Platzen bringen.
Einen Kaiserschnitt wünschen wir nur im Falle einer für mich lebensbedrohlichen Situation.

Nach der Geburt:
Wir wünschen uns, Julius in den Armen zu halten gleich nach der Geburt.
Wir wünschen uns ein Zimmer so weit wie möglich abseits von der Kinderstation.
Bitte die Tür so markieren, dass alle, die eintreten, wissen, worum es sich handelt.
Betreffs routinemäßiger Untersuchungen bitte bei Julius nur das Nötigste unternehmen, nachdem Sie es mit uns abgeklärt haben.
Alle Untersuchungen bei Julius bitte in unserer Gegenwart durchführen. Falls er jedoch das Zimmer verlassen muss, muss immer einer von uns dabei sein.
Wir wissen nicht, wann Gott Julius aus diesem Leben abberufen wird, und so möchten wir, dass er aus unseren Armen nach Hause geht und nicht von einem Untersuchungstisch aus.
Wenn es möglich ist, möchten wir Julius baden.
Wir wollen Julius eigene mitgebrachte Kleidung anziehen.
Falls Julius lang genug lebt, dass er Nahrung braucht, möchten wir es in folgender Reihenfolge versuchen:
1. *Stillen*
2. *Milch abpumpen und mit der Stillhilfe-Flasche von Medela geben*

3. Bitte keine Vitamin-K-Spritze, Augencreme oder Tropfen verabreichen.

Wenn es Zeit ist, soll der Bestattungsdienst unseren Sohn von uns holen.

Wir würden bitte gern folgende Erinnerungsstücke mitnehmen bzw. machen lassen:

Karte vom Bettchen mit allem, was draufsteht
Kleider / Decken
Armbändchen
Fuß- und Handabdrücke
Fotos

Herzlichen Dank dem Geburtsteam für die Rücksichtnahme auf unseren Geburtsplan!

Julius' Eltern Tibor und Constanze Bohg

Ich hatte so einen Geburtsplan von Noemi als Vorlage zugeschickt bekommen, der Mutter von Joseph, mit der ich in den viereinhalb Wochen einmal telefoniert hatte. Wir hatten in der Zeit nach der Entscheidung ein paar E-Mails ausgetauscht, eine davon enthielt diesen Geburtsplan. Ich musste nur wenige Punkte ändern, um ihren Plan an die spezielle Situation von Julius anzupassen. Wir wollten diesen Geburtsplan baldmöglichst mit den Ärzten im St. Joseph Krankenhaus besprechen, auch wenn der errechnete Termin erst der 18. November war. Sobald dieser Plan abgestimmt war, wollten wir eine Kopie in meinen Mutterpass legen, damit ich ihn im entscheidenden Moment immer mit dabeihätte.

Außerdem kümmerte ich mich um eine Hebamme für die Vor- und auch die Nachsorge zur Geburt. Diejenigen, die Erfahrung hatten mit Fällen wie unserem und mir vom

Krankenhaus empfohlen wurden, befanden sich in der Zeit des errechneten Termins allesamt im bereits geplanten Urlaub. Ich war frustriert. Ich wollte nicht irgendeine Hebamme – ich wollte eine Spezialistin, die sich mit solch seltenen Fällen auskennt. Nachdem ich nun inzwischen auf die siebenundzwanzigste SSW zuging und keine anderen Schwangeren oder frischgebackenen Mütter kannte, die mich mit Tipps versorgen konnten, suchte ich im Berliner Hebammenverzeichnis diejenige, die am nächsten zu unserer Wohnung lebte. Sie hieß Tanja. Ich schilderte ihr am Telefon kurz unsere Situation, und sie erklärte sich sofort bereit, auch wenn sie einen solchen Fall noch nie zuvor betreut hatte. Wir waren einander bereits am Telefon sympathisch, deshalb willigte auch ich ein.

Mein positiver Eindruck bestätigte sich, als sie zum ersten Hausbesuch vorbeikam. Ich konnte mir beim besten Willen nicht vorstellen, zusammen mit anderen Schwangeren und werdenden Vätern in einen Geburtsvorbereitungskurs zu gehen, das hätten wir beide kräftemäßig nicht geschafft, und Tanja verstand das auf Anhieb. Sie stimmte sofort zu, die Vorbereitung mit Tibor und mir bei uns in der Wohnung zu machen. Sie streichelte meinen Bauch und untersuchte die Lage von Julius, die sie mir anhand eines Plüschäffchens demonstrierte:

»So liegt er da, ganz richtig, wie das sein muss, mit dem Kopf nach unten. Und wenn ich nächsten Dienstagabend das erste Mal zum Vorbereitungskurs komme, dann zeige ich Tibor, wie sein Sohnemann in deinem Bauch liegt …«

Es wird ernst

Es begann auf der Kuppel des Berliner Reichstages: Die wollte ich zusammen mit Sebastian und David am frühen Freitagmorgen besichtigen. David ist Tibors Cousin, der aus Australien zu Besuch in Berlin war. Mittags wollte David nach London weiterfliegen, vorher war aber noch der Reichstag dran. Wir mussten kurz anstehen, trotz Voranmeldung und mitgebrachter Ausweise, und ich fragte mich im Stillen, warum ich mir das angetan hatte – sicher war ich schon fünf Mal dort oben gewesen, mit allen unseren Berlinbesuchern war ich die Spirale in die Glaskuppel hinaufgegangen. Aber an diesem Tag ging es nicht! Mir krampfte ein Schmerz im Rücken, der sich anfühlte wie eine Nierenkolik, so dass mich meine Begleiter besorgt ansahen.

»Du musst zum Arzt«, mahnte Tibor, der uns noch bis zum Eingang begleitet hatte, voll Mitgefühl, bevor er ins Büro fuhr.

Ich winkte ab. Warum sollte ich ausgerechnet jetzt eine Nierenkolik haben? Wahrscheinlicher erschien mir ein Zusammenhang mit Julius. Ich rief die Hebamme an und beschrieb ihr die Symptome.

»Das ist nicht schlimm«, hörte ich Tanja am Telefon sagen, während ich mich kaum aufrecht halten konnte, »das können so etwas wie frühe Senkwehen sein.«

»Aber ich habe noch drei Monate«, warf ich ein, fast flehentlich.

»Wenn es schlimmer wird, dann geh bitte zum Arzt«, sagte sie noch.

Also quälte ich mich weiter hinauf, unter die gläserne

Kuppel, die Hand immer an der Reling, den Blick auf den Boden und nicht auf die wunderbare Aussicht über die Stadt geheftet. Auf dem Rückweg konnte ich nicht anders, als meinen Plan zu ändern. Ich fühlte mich außerstande, David wie geplant zum Flughafen zu bringen, und erklärte ihm, welche Bahn- und Busverbindungen er nehmen müsse. Ich selbst fuhr auf schnellstem Wege nach Hause und legte mich trotz sommerlicher Temperaturen mit einer Wärmflasche im Rücken ins Bett. Erst so geriet ich wieder in einen halbwegs erträglichen Zustand. Als Tibor abends nach Hause kam, ging es mir besser, aber etwas weinerlich war ich dennoch.

»Es ist nicht wegen dir«, schluchzte ich halblaut in Richtung meines Bauches, »du sollst dich geborgen fühlen. Du bist angenommen. Alles ist gut, Julius. Mama tut nur der Rücken weh.«

Wenn mir in diesem Moment jemand gesagt hätte, dass Julius das ohnehin nicht verstehen könne, so hätte ich ihm widersprochen: Natürlich konnte mein Sohn die Stimmung fühlen, die ich mit meinen Sätzen ausdrücken wollte.

»Wie falsch die Leute liegen, die meinen, man könne nicht mit ungeborenen Babys sprechen, nur weil man sie noch nicht sehen kann«, hatte mir die Hebamme bei ihrem Besuch gesagt, »und das nur, weil eine Bauchdecke dazwischen ist, eine dünne Hautschicht …«

So empfand ich das auch: Julius hörte mein Magengrummeln nach dem Chili, er hörte die Musik, die bei uns im Wohnzimmer lief, genauso wie den Lärm draußen auf der Straße. Warum sollte er bei allem in der Welt nicht mein Schluchzen hören – und meine tröstenden Worte ihm gegenüber?

An diesem Wochenende stand eine weitere musikalische Großoffensive für Julius auf dem Programm – wir wollten zu Max Raabe und seinem Palastorchester in die Waldbühne, meine Mutter und mein Bruder Sebastian hatten uns die Karten geschenkt. Es war ein wunderbares Konzert, Julius konnte sich kaum halten vor Begeisterung und hüpfte und sprang in meinem Bauch hin und her, dass es eine Freude war – für mich allerdings eine nicht ganz ungetrübte: Mir wurde das Sitzen ohne Lehne auf der harten Bank zu schwer, und wir mussten das Konzert leider schon vor dem letzten Lied verlassen, weil meine Rückenschmerzen wieder stärker wurden. Erschöpft, aber glücklich stiegen wir in die S-Bahn nach Hause. Julius, dachten wir, mag Musik genauso wie Mama und Papa.

Meine Schwangerschaft wurde zwar von Tag zu Tag beschwerlicher, aber ich war dennoch froh über jeden Tag, den sie anhielt. Ich war glücklich über die Zeit, die ich mit meinem Sohn verbringen konnte, und ich war wie elektrisiert von dem Gedanken, Julius möglichst viel zu zeigen von der Welt, auf der er nur so kurz weilen durfte.

So wachte ich am Tag nach dem Max-Raabe-Konzert, einem wunderschönen Sommersonntag, schon in aller Frühe auf und blinzelte Tibor an: »Wir müssen heute mit Julius baden gehen. Wer weiß, wie oft wir das noch können …«

Gesagt, getan. Wir holten uns die Handys und suchten auf den Seiten der Berliner Bäderbetriebe nach einem geeigneten Bad, denn wir waren noch nie schwimmen gewesen, seit wir in Berlin lebten – im Mai und Juni hatten wir andere Sorgen gehabt, der Juli war verregnet, doch jetzt war es so weit. Nun wollte ich den Schwangerschaftsbikini einweihen, der seit Monaten unbenutzt im Schrank lag! Tatsächlich wurde es ein wunderschöner Tag am Badesee Jungfernheide. Für mich war das ein wunderbar leichtes Gefühl, mit dem dicken Bauch im Wasser zu schwimmen, und auch Julius genoss sicherlich die neue Erfahrung. Abends war ich erledigt und entspannt – und die Rückenschmerzen waren fast weg! In der Nacht zum Montag setzten dafür heftige Krämpfe im Unterleib ein.

Wir hatten an diesem Montag in der Mittagszeit einen Termin zum Routineultraschall im Krankenhaus, was mir nur recht war, denn meine Krämpfe waren inzwischen besorgniserregend. In meinem medizinischen Nachschlagewerk über die Schwangerschaft hatte ich von sogenannten Braxton-Hicks-Übungswehen gelesen, die manchmal in der achtundzwanzigsten SSW vorkommen können. Dazu wollte ich Dr. Abou-Dakn befragen.

Tibor konnte sich mittags freinehmen und kam zur Untersuchung dazu. Diesmal gelang es mir wegen der Krämpfe nicht, gegenüber dem Arzt so entspannt zu sein wie sonst.

»Dr. Abou-Dakn, nur zur Info, ich habe seit heute Nacht im Unterleib starke Krämpfe.«

»Das schauen wir uns mal an.«

Er bat mich zum Ultraschall auf die Liege. Tibor stand wie immer neben mir und hielt meine Hand. Zuerst schallte der Arzt meinen Bauch, doch nach kurzer Zeit sagte er, er könne das Köpfchen von Julius schon nicht mehr finden, da sich das Baby bereits in Richtung Geburtskanal gesenkt habe. Er untersuchte weiter und stellte fest, dass mein Muttermund bereits ein bisschen geöffnet war.

»Frau Bohg, das sind keine Übungswehen, das sind Senkwehen!«

Tibor und mir liefen auf der Stelle die Tränen. Wir wussten auf einen Schlag, dass es nun ernst wurde, denn das, was für andere Eltern das Kennenlernen bedeutete, würde für uns den Abschied bedeuten.

»Jetzt ziehen Sie sich erst mal an, dann reden wir weiter.«

Es war bewundernswert, wie dieser Arzt in wirklich jeder Situation nicht nur seine Fassung, sondern auch seine positive, beruhigende Art bewahren konnte.

Als wir ihm im Besprechungszimmer gegenübersaßen, liefen meine Tränen trotzdem noch.

»Wollen Sie ein wehenhemmendes Mittel?«

Wenn ich ein gesundes Kind getragen hätte, hätte ich selbstverständlich ja gesagt, weil es besser für das Baby gewesen wäre. Aber so? Warum sollten wir der Natur entgegenwirken? Warum sollten wir den Weg, den Julius nehmen wollte, mit Medikamenten beeinflussen? Wir sahen einander nur kurz an und wussten jeweils, was der andere dachte. Beide schüttelten wir traurig den Kopf. Dr. Abou-Dakn nickte, er hatte uns auch wortlos verstanden.

»Ich sage auf der Station Bescheid, dass die Bohgs wahrscheinlich in den nächsten Tagen kommen. Ich gebe Ihnen maximal drei Wochen, aber ich glaube, ich sehe Sie in drei, vier Tagen wieder …«

Mir schoss durch den Kopf, dass wir nächste Woche mit Julius zum Basketball gehen wollten, wir hatten schon die Tickets für ein Spiel, bei dem Dirk Nowitzky auf dem Feld sein würde – sollte das nicht mehr klappen? Durfte unser Julius dieses Spiel nicht mehr erleben? Ich wurde innerlich wütend auf Gott. Warum nahm er mir auch noch diese drei Monate, die mir doch zustanden? Ich hatte ohnehin nur diese vierzig Schwangerschaftswochen – warum sollte in der achtundzwanzigsten Schwangerschaftswoche alles plötzlich zu Ende sein? Meine Gedanken rasten.

Unter Schock verabschiedeten wir uns von Dr. Abou-Dakn. Ich musste auf die Toilette, wie so oft während meiner Schwangerschaft, aber nun war ich nicht sicher, ob ich dringender aufs Klo musste oder nur einen abgeschlossenen Raum brauchte zum Weinen. Als ich mit roten Augen herauskam, sah ich meinen Mann schluchzend auf mich warten – es bringt doch nichts, sich dabei zu verstecken, dachte ich, und fiel ihm in die Arme. Nun wussten wir, dass wir keine drei Monate mehr hatten, so wie der Termin ursprünglich berechnet war, sondern höchstens drei Wochen. Vielleicht sogar nur drei Tage!

Verheult, wie wir waren, gingen wir hoch zu Frau Dr. Schmidt, bei der wir auch einen schon vor Wochen vereinbarten Termin hatten, und ich erzählte ihr von der Untersuchung eben: »Dem Kleinen geht es gut, aber der Muttermund ist schon einen Zentimeter weit offen! Wenn er tatsächlich jetzt geboren wird, wünschen wir uns nur eines von ganzem Herzen: dass er noch lebt, wenn wir ihn in unsere Arme nehmen können!«

Die Ärztin bemühte sich, uns zu beruhigen: »Manche Frauen haben drei Monate einen offenen Muttermund, und es passiert nichts …«

Wir wussten, dass sie es gut mit uns meinte, aber wir fühlten, dass das in meinem Fall nicht so sein würde. Also gingen wir sicherheitshalber gleich miteinander den Geburtsplan durch, in dem wir unsere Wünsche formuliert hatten. Frau Dr. Schmidt war mit allem einverstanden und bat uns darum, ihr den Plan per E-Mail zu schicken, damit sie ihn ihrem Kinderärzteteam geben könne. Wir sprachen darüber, dass nicht abzuschätzen sei, wie lange Julius noch bei uns bleiben würde, und wollten wissen, wie es dann weiterginge – was passieren würde, wenn Julius gestorben sei.

Die Ärztin begann, etwas auf ihrem Schreibtisch zu suchen.

»Ich habe unlängst einen Artikel gelesen, da ging es um den ›Garten der Sternenkinder‹ – kennen Sie den? Das ist ein Friedhof für Kinder.«

Ich schluckte. Mir wurde mit einem Schlag klar, wie nah wir dem Ende bereits waren und wie wenig wir uns damit bis jetzt auseinandergesetzt hatten.

»Sie müssen nicht danach suchen«, sagte ich ihr, »ich finde das auch im Internet. Vielen Dank für den Tipp.«

Wir verabschiedeten uns, und Frau Dr. Schmidt wünschte uns ganz viel Kraft. Das Gespräch hatte uns noch mal in unserer Entscheidung bestätigt, aber uns auch klargemacht, wie schwer alles war. Wie benommen wankten wir aus dem Krankenhaus, jeder in eine andere Richtung: Tibor musste wieder ins Büro. Gleich am selben Tag wollte er seine Chefin darüber informieren, dass er nur mehr auf Abruf bei der Arbeit sei, weil es jederzeit losgehen könne ...

Ich machte mich auf den Weg nach Hause, wobei ich keine Zeit hatte, in Panik oder Trauer zu verfallen, weil auf einmal so viel zu erledigen war: Ich musste ein Taxiunternehmen raussuchen, für die Fahrt ins Krankenhaus. Ich musste Geld für diese Fahrt abheben. Ich musste meine Sachen packen, für den Notfall, und etwas für Tibor, weil er auf jeden Fall bei mir im Krankenhaus bleiben wollte. Aber zuerst machte ich an unserem Lieblings-Dönerimbiss Halt, weil mir fast schlecht war vor Hunger.

»Soße?«

Ich zögerte.

»Na ja, scharf machen wir lieber nicht«, sagte der Mann hinter der Theke lächelnd, mit einem Blick auf meinen Bauch. Jetzt musste ich auch lächeln, obwohl mir nicht danach zumute war.

»Mein kleiner Neuköllner will noch einen Döner essen«, murmelte ich zärtlich in Richtung meines Bauches. Sollte das sein letzter sein? Dieser Gedanke durchfuhr mich jetzt bei allen meinen Handlungen. Sollte das das letzte Mal sein für Julius? Sobald ich zu Hause ankam, erschien auf meinem Handy eine SMS von Tibor:

Ich liebe dich und den kleinen Julius über alles. Wir werden das so durchgehen, wie Gott es geplant hat. Du bist die beste Mutti, die der Kleine haben kann!

Ich antwortete umgehend, und so entstand ein ganzes Gespräch:

Ich: Danke dir so sehr! Schluchz. Sind gut daheim angekommen. Hab kurz mit Tanja gesprochen. Sie weiß Bescheid und hat gesagt, das Einzige was ich machen kann, ist hinlegen, Hände auf den Bauch und ganz tief ein- und ausatmen. Das mach ich jetzt.
Tibor: Ja, mach das, Süße. Ich bete für dich.
Ich: Danke. Ich hoffe, Chefin hat Verständnis? Auch wegen möglicher Urlaubstage?
Tibor: Konnte sie noch nicht sprechen
Ich: Ich bete, dass auch dieses Gespräch gut wird. Wir stehen das zusammen alles durch. Ich liebe dich
Tibor: Dito. Kuss Kuss

Ich sprach mit einem Taxiunternehmen, lernte das Wort »Storchenfahrt«, dass man im entscheidenden Moment sagen musste, um absolute Priorität zu haben bei der Bestellung, und speicherte die Rufnummer ein. Dann sandte ich E-Mails an meine Freunde in den USA mit der Bitte, für uns zu beten. An Susel schrieb ich eine SMS:

Bitte bete für mich, habe vorzeitige Wehen. Sein Wille soll geschehen. Wenn Julius tatsächlich schon in den nächsten Tagen kommen soll, dann soll es so sein. Ich hoffe so sehr, dass es nicht so ist. Bitte nicht anrufen, ich melde mich. Danke dir.

Die Antwort von Susel kam prompt:

Wir beten. Gib Zeichen, wenn ich anrufen darf. Viel Kraft und Gott befohlen.

Später erzählte Susel mir, dass sie sofort nach der SMS ihre Schwester angerufen habe und ihre Pfarrerin. Beiden erzählte sie knapp, was nun passieren würde mit mir, und beiden gab sie einen klaren Auftrag:

»Es geht los bei Constanze. Betet für sie!«

Ich wusste das damals nicht, aber ich ahnte schon, dass nun ein paar Menschen an mich denken würden.

Danke dir. Muss mich erst mal beruhigen. Melde mich.

Doch was jetzt? Die Schmerzen waren da, sie wurden nicht schwächer. Mühsam stand ich wieder auf, packte langsam die Sachen zusammen. Ich wollte das umherstehende Geschirr abwaschen, merkte aber, dass ich nicht mehr richtig stehen konnte, und ließ es bleiben. Die Wehen waren stark, aber unregelmäßig. Ich versuchte, die Abstände mit meinem Handy zu stoppen, aber mir gelang das nicht. Ich konnte keinen Rhythmus erkennen in meinem Körper.

Ich packte noch mühselig ein paar Sachen ein und stieß dabei wieder auf das wunderschöne »Mamibuch«. Ich nahm es ins Bett mit, weil es so eine Art Anleitungsbuch für Schwangere war. Nun musste ich viele Kapitel, die ich noch gar nicht gelesen hatte, überspringen, denn das Lesezeichen lag beim Kapitel für den sechsten Monat, das ich nun nicht mehr brauchte. Ich fing gleich beim Abschnitt Geburt zu lesen an, das überschrieben war mit:

Kapitel elf: Jetzt kommst du

Ich las von dicken Socken fürs Krankenhaus (»kalte Füße, schlechte Wehen«), von Tipps für das Packen der Tasche, von Dokumenten, während ich merkte, dass die Schmerzen stärker wurden. Ich ließ das Buch sinken und versuchte, mich nur auf mich selbst zu konzentrieren. Auf meine

Atmung. Mir fiel ein, dass für den nächsten Tag der erste Geburtsvorbereitungskurs mit meiner Hebamme geplant war. Ob es dafür schon zu spät war?

Ich atmete und atmete, weil ich irgendwo gelesen hatte, dass eine entspannte Geburt sehr viel mit der richtigen Atmung zusammenhing. Dabei beruhigte ich mich ein wenig.

»Alles ist in Ordnung«, flüsterte ich Julius und auch mir selbst zu.

Langsam wurde ich ruhiger, auch wenn die Krämpfe nicht weniger wurden. Nach einer Weile wusste ich mir nicht anders zu helfen, als nach meinem Handy zu greifen und eine Nachricht zu schreiben:

Ich: Kannst Du asap los machen? Wird irgendwie nicht besser.
Tibor: Ja mache ich. Mach gleich los.
Ich: Dank dir
Tibor: Steige gleich in die 7.
Ich: So froh. Danke.
Tibor: Bis gleich, Süße.

Weinend ließ ich mich ins Bett zurücksinken. In meinem Kopf ratterten tausend Gedanken, alles nur praktisches Zeug: Dokumente? Kleidung? Welche Schuhe? Geld? Mein Kopf war voll damit, bis wieder die Tränen kamen.

Mein Kind! Wie lange kann ich dich noch haben?

Julius Felix!

Als Tibor endlich zur Wohnungstür hereinkam, hing ich, auf dem Boden kniend, mit meinem Oberkörper auf der Bettkante, weil mir alle anderen Positionen noch unmöglicher erschienen. Tibor fing sofort an, mir den Rücken zu massieren, aber das machte die Sache nicht besser. Ich musste alle meine Kräfte aufbieten, um freundlich und ruhig zu bleiben, wie ich es mir vorgenommen hatte, was mir aber nicht leichtfiel.

»Bitte nicht …!«

Suse hatte mir das genauso erzählt, erinnerte ich mich, bei der Geburt ihres Sohnes war es nicht anders. Streicheln, tätscheln, massieren ging auch bei ihr nicht mehr, wegen der Schmerzen bei der Geburt. Bei der Geburt?, schoss es mir durch den Kopf. War ich schon so weit?

»Ich weiß nicht, ob wir nicht lieber doch schon heute ins Krankenhaus fahren – lieber lass ich mich wieder heimschicken, aber die Krämpfe werden nicht besser. Noch so eine Nacht überstehe ich nicht«, presste ich zwischen den Schmerzschüben hervor. Ich versuchte wieder, die Zeitintervalle zu stoppen – nun war ich tatsächlich in der Lage, Wehen im Abstand von vier Minuten zu stoppen. Ich bat Tibor, noch das Geschirr in der Küche abzuspülen. Eigentlich absurd, aber so war es eben in diesem Moment – wir wollten bei unserer Rückkehr nichts aufräumen oder spülen müssen. Während ich versuchte, halbwegs ruhig weiter zu atmen, so tief es ging, räumte Tibor schnell die Küche auf und packte die restlichen Sachen in die Tasche fürs Krankenhaus.

Um acht Uhr abends kamen die Wehen alle drei Minuten. Ich wählte in einer Wehenpause die Nummer der Taxifunkzentrale. Wie hieß noch mal das verdammte Wort, das ich sagen sollte, damit es dringender ist?

»Ich ... Wir ... Ich habe alle drei Minuten Wehen!«

»In spätestens vier Minuten ist ein Taxi vor der Haustür! Alles Gute!«, kam es wie aus der Pistole geschossen aus dem Hörer.

Benommen rappelte ich mich auf und wankte auf Tibor gestützt langsam Schritt für Schritt die vier Stockwerke hinunter auf die Straße.

»Storchenfahrt«, murmelte ich mit verzerrtem Gesicht ...

Tibor schaute mich fragend an, aber ich winkte nur ab. Das Taxi wartete bereits. Ein niegelnagelneuer Mercedes.

Sobald ich saß, ging es besser. Ich klammerte mich an den Haltegriff über der Tür. *JC-Bars* nennt man die in Australien, hatte mir David erzählt, fuhr es mir durch den Kopf, *Jesus Christ-Bars,* weil die Passagiere sich in gefährlichen Situationen dran klammern und »Jesus Christ« rufen. Ich wunderte mich selbst darüber, was mir in diesen Momenten alles durch den Kopf ging ...

»Ist das Ihr erstes Kind?«, fragte der Taxifahrer, mit besorgtem Blick in den Rückspiegel. Hatte er Angst um die Bezüge seiner Rückbank?

»Ja, unser erstes Kind, ein Sohn.«

Atmen!

Die Antwort schien ihn nicht sonderlich zu beruhigen, denn der Mann trat noch mehr aufs Gaspedal. Das war mir recht, und wir hatten ohnehin fast nur grüne Ampeln. Ich öffnete das Fenster. Es roch nach Hochsommer, und es sah so aus, als wären ausschließlich gut gelaunte Menschen auf den Straßen, aber das war wohl nur mein Eindruck. Heute ist der zweiundzwanzigste August, dachte ich, dieses Datum muss ich mir merken.

»Viel Glück, alles Gute!«

Das war der Taxifahrer bei der Verabschiedung. Ich bekam alles wie durch Nebelschwaden mit. Hinter dem Empfangstresen saß wieder eine Nonne in ihrem schwarz-weißen Gewand. Ich hielt mir instinktiv den Bauch, weil ich das Gefühl hatte, ihn sonst nicht mehr tragen zu können.

»Wo geht es hier zum Kreißsaal?«, presste ich hervor, so gut ich konnte. Seit ich wieder auf den Beinen sein musste, ging es mir deutlich schlechter. Eigentlich hatte ich den Kreißsaal vor der Geburt noch besichtigen wollen, aber dafür war es nun zu spät.

Die alte Dame sah ruckartig von ihrer Arbeit auf.

»Soll ich oben Bescheid sagen, dass Sie kommen?«, fragte sie freundlich.

Ich überlegte kurz, aber mir fiel nichts ein.

»Ich weiß nicht … ich habe alle drei Minuten Wehen.«

Die Nonne sah mich schockiert an und griff nach dem Telefonhörer. »Natürlich sage ich Bescheid«, sagte sie sofort, »erster Stock, dort hinten ist der Aufzug!«

Oben angekommen, standen wir vor einer verschlossenen Glastür und mussten klingeln. Ich läutete, eine neutrale Stimme meldete sich aus der Gegensprechanlage. »Ja, bitte?«

Was bitte sollte ich jetzt wieder für ein Zauberwort finden, damit die Türen endlich aufgehen würden?

»Ich habe alle drei Minuten Wehen …«

Bling.

Ohne weiteren Kommentar ging die Tür von selbst auf, elektrisch, und eine Schwester kam herbeigeeilt.

»Wir sind Familie Bohg«, konnte ich noch sagen. Die Schwester wusste gleich Bescheid. In mir entstand in diesem Moment ein Gefühl von Geborgenheit. Verwundert stellte ich fest, dass es die Hebamme richtig eilig zu haben schien. Ich kramte noch im Gehen in meiner Handtasche, um ihr unseren Geburtsplan zu übergeben.

Ich ging mit ihr allein in ein Behandlungszimmer, sie untersuchte mich kurz. Als ich wieder nach meinen Sachen griff, schüttelte sie den Kopf und reichte mir einen dieser typischen Krankenhauskittel.

»Sie können sich gleich umziehen. Der Julius hat es eilig, seine Eltern kennenzulernen. Wir gehen gemeinsam in Kreißsaal vier.«

Ungläubig starrte ich sie an, aber tat, wie mir aufgetragen. Tibor wartete draußen. Ich wollte so schnell wie möglich zu ihm. Ich brauchte ihn jetzt. Ich brauchte seine Nähe, seine Liebe und Fürsorge wie noch nie in meinem Leben.

Wir gingen über den langen Gang in das hinterste Zimmer. *Gebärstube vier*, stand auf der Tür.

»Hier haben Sie einen Gymnastikball, wenn Sie eine entlastende Haltung wollen zwischendurch …«, begann die Hebamme das Angebot zu erklären, aber ich winkte nur ab.

»Danke, brauch ich nicht. Ich will mich nur hinlegen. Und Tibor bei mir haben …«

Dann waren Tibor und ich allein, mit Julius. Wie es ihm jetzt wohl ging? Ich lag auf dem Bett und starrte auf die weiße Decke. War es nun schon so weit? Die Geburt unseres ersten Sohnes, unseres Wunschkindes?

»Und wahrscheinlich auch sein Tod«, ergänzte eine Stimme aus einer anderen Ecke meines Bewusstseins.

Freude und Schmerz, alle möglichen Emotionen mischten sich in mir auf engstem Raum, immer wieder von Wehen unterbrochen. Über allem lag tiefer Frieden. Ja, ich hatte Wehen in kurzen Abständen; ja, die Emotionen überschlugen sich scheinbar – und dennoch waren Tibor und ich ruhig und einander innig verbunden.

In all diesem Geschehen fiel mir ein, dass ich noch Susel Bescheid geben wollte, dass wir bereits im Kreißsaal lagen. Ich ließ mir von Tibor mein Handy geben und versuchte, sie zu erreichen, aber sie ging nicht ran.

Sprechen hätte ich ohnehin nicht können, weil mich die nächste Wehe schon ins Kissen presste. Kurze Zeit später vibrierte mein Handy. Jetzt konnte ich nicht antworten, da ich versuchte, eine weitere Wehe zu veratmen. Kurze Zeit später sandte sie eine SMS:

Alles in Ordnung? Du hast angerufen? War bei Oskar eingeschlafen. Wieder munter. Gib bitte kurz Zeichen!

Zwischen zwei Wehen sagte ich Tibor, er solle Susel anrufen und sie informieren. Tibor erreichte sie und erklärte kurz: »Es ist so weit, wir sind im Kreißsaal. Schöne Grüße von Constanze, sie kann grad nicht reden. Die Wehen kommen zu schnell hintereinander. Ich muss aufhören …«

Susel erzählte mir später, dass sie die kurze Nachricht aus Berlin völlig schockiert zurückgelassen hatte: Was, jetzt schon? Gleichzeitig konnte sie nicht fassen, wie ruhig Tibor gesprochen hatte, wie entspannt und friedlich. Da seien nicht nur wir drei im Raum gewesen, dachte sie, da war auch noch eine Horde von Engeln dabei. Susel hatte eine fast zur Gänze durchwachte Nacht vor sich, voller Beten und Bangen, dass das Kind lebendig auf die Welt komme und wir noch Zeit hätten mit ihm. Sie sandte noch eine SMS:

Wir wünschen euch so gut es eben geht eine gesegnete und friedliche Nacht. Oskar hat heute Abend auch für seinen Freund Julius gebetet. Wir denken an euch und beten.

Nach etwa einer Stunde war Schichtwechsel, und eine neue Hebamme kam an mein Bett. Sie sollte mein Kreißsaalengel werden, der mich durch die Geburt bringen sollte. Eine warmherzige und resolute Frau, mit zwanzig Jahren Berufserfahrung. Sie war perfekt für mich.

»Ich bin Hebamme Annette. Ich habe den Geburtsplan durchgelesen. Ich weiß Bescheid. Wir kriegen das zusammen hin.«

Das war ihre knappe und liebevolle Begrüßung, die mir so wichtig war. Ich musste nichts erklären zwischen zwei Wehen, am Rande der Erschöpfung.

»Ich habe noch eine zweite Gebärende, die Kreißsäle sind alle voll«, sagte sie, bevor sie mich untersuchte und zu ihrer zweiten Patientin hinüberging. Ich konnte die Schreie der anderen Frauen hören und wunderte mich noch.

»Es tut schon weh«, dachte ich, »aber so …?!«

Bald kamen die Wellen meiner Schmerzen in noch knapperer, steilerer und auch härterer Abfolge, nun lag wohl nicht einmal mehr eine Minute zwischen zwei Wehen. So ging es bis Mitternacht, als alle dreißig Sekunden eine harte Woge Schmerz in mir aufbrandete.

»Hand!«

Bei jeder Wehe brauchte ich nur dieses eine Wort zu sagen, und Tibors rechte Hand umschloss sofort meine linke, so dass ich einen Teil meines Drucks in sie hineinströmen lassen konnte. Ich erinnerte mich an einen Rat von Suse: »Jede Wehe kommt nur ein Mal. Wenn du eine Wehe veratmet hast, hast du sie hinter dir. Die kommt nie mehr wieder.« Diese Aussage half mir sehr! Durch alle Schmerzen hindurch wusste ich, das war nun eine weitere Wehe, die hinter mir liegt und die mich meinem geliebten Sohn ein Stück näher gebracht hat.

Nach Mitternacht kamen die Wehen fast ohne Pause. Ich war erschöpft. Die Hebamme gab mir ein krampflösendes Mittel, aber sonst keine Medikamente, so wie ich es im Geburtsplan geschrieben hatte. Ich fühlte mich jetzt unsicher ob der Heftigkeit der Wehen.

»Geh nicht mehr weg, bitte«, flehte ich sie an.

»Ich bin sofort zurück. Versprochen!«, sagte sie.

Als sie gerade gehen wollte, musste ich mich mehrfach übergeben. »Das ist in Ordnung. Ein Zeichen dafür, dass die Wehen gut sind«, sagte sie.

Dann musste sie wieder zu der anderen Frau hinüber. In den benachbarten Gebärzimmern wurde es immer ruhiger. Plötzlich hörte ich ganz nah ein Baby schreien, das musste das Neugeborene von Annettes anderer Mutter sein. Ich ahnte instinktiv, dass ich bei meinem Baby keinen Schrei hören würde, und doch freute ich mich für die andere Mama und wunderte mich gleichzeitig über mich. Ich dachte an die Erdbeere, unseren ersten Namen für Julius. Unsere Erdbeere! Damals schon war mir klar, dass Tibor und ich diese Nacht, in der wir uns nun befanden, so intensiv erleben würden wie keine andere. Wir lebten mit Haut und Haaren, wir waren so wach und da und eins wie nie.

Annette kam von der anderen Frau zurück. Diese hatte entbunden, nun konnte Annette bei uns bleiben. Ich war so froh darüber. Ich begann zu zittern vor Schmerz und Anspannung.

»Sollen wir dir eine PDA legen?«

PDA steht für »Periduralanästhesie«, eine lokale Betäubung der Nerven durch eine Punktion an der Wirbelsäule, die zu einer Lähmung des gesamten Rücken- und Beckenbereichs führt. Doch das wollte ich nicht. Ich wollte die Geburt ohne Betäubung erleben und schüttelte den Kopf.

»Mensch, du bist so erschöpft, wenn das noch länger geht …«

»Wie weit sind wir denn?«

»Also: Von insgesamt dreitausend Metern hast du zweitausendsiebenhundert geschafft.«

Ich musste lachen. Das waren Zahlen, und mit Zahlen kann ich etwas anfangen. In mir frohlockte die Betriebswirtin, die ich nun mal bin. Annette hatte, ohne es zu wissen, genau das richtige Vokabular gewählt.

»Dann mache ich so weiter, das schaffen wir jetzt auch noch«, sagte ich und lachte Tibor und Annette an.

Annette versuchte mich weiter zu ermuntern: »Lass das Kind los!«

»Ich will es gar nicht festhalten, aber ich weiß nicht, was ich machen soll, mit der Atmung. Ich war noch nicht beim Vorbereitungskurs …«

Jetzt musste Annette lächeln. Sie zeigte mir, wie ich atmen soll, zusammen mit den Presswehen. Ich verstand schnell, was sie meinte. Die Schmerzen waren sehr stark, aber ich wusste, sie waren es wert. Die Belohnung würde das Kennenlernen unseres Sohnes sein. Ich konnte nicht anders, als ein bisschen zu schreien, aber ich hielt mich zurück, so gut ich konnte. Ich hatte die anderen Mütter schreien gehört und wollte nicht so laut sein.

»Schrei es heraus«, sagte Annette mir, »wirklich, lass es alles raus.«

Ich zögerte kurz, aber dann war mir wirklich alles egal.

»Okay, dann macht euch jetzt auf was gefasst«, lachte ich.

Die nächste Wehe kam härter, ich schrie lauter.

Die nächste Wehe kam mit unüberbietbarer Kraft, ich schrie aus vollem Hals.

Annette stand vor mir. Tibor hielt meine Hand. Mein Druck ließ nicht mehr los zwischen den Wehen, den Schmerzwellen. Ich wusste, dass ich jetzt am Punkt war.

Jetzt oder nie.

»Ja«, rief Annette, »ich sehe es, das Köpfchen … das Köpfchen!«

Zehn Minuten später war Julius geboren. Am 23. August 2011, 00.45 Uhr, im St. Joseph Krankenhaus in Berlin-Tempelhof. Das sind die Koordinaten unseres ersten Sohnes.

Wir alle weinten. Tränen des Glücks und der Erleichterung und der größten Gefühlswelle, in die ein Mensch tauchen kann. Tränen des Unaussprechlichen.

»Oh, ist der niedlich.«

Das war das Erste, was ich hörte, es kam von Annette.

Ich öffnete die Augen und sah mein Kind. Es war wunderschön. Es war ganz klein. Es war perfekt. Es war alles dran. Die Cele am Hinterkopf war viel kleiner als der Kopf. Das Gesicht war nicht verquollen, sondern fein gezeichnet. Julius war so ein wunderschönes Baby. Ich war der glücklichste Mensch der Welt.

Die Hebamme legte ihren Finger auf die Brust von Julius und fühlte. »Hier ist der Herzschlag.«

Mein Herz tat einen Sprung. Julius lebte?

Auch ich legte meinen Finger auf seine Brust, aber ich spürte nichts. Tibor versuchte es genauso, auch er konnte den Puls nicht spüren. Die Ärztin, die bei uns war, hörte Julius mit einem Stethoskop ab. Sie übergab das Instrument mir, dann Tibor. Nun konnten auch wir beide den Herzschlag hören. Wir hielten ein lebendes Kind auf dem Arm. Er weinte nicht, er hatte die Augen geschlossen, er bewegte sich nicht. Aber sein Herz schlug!

Die Hebamme fragte, wer die Nabelschnur durchtrennen würde. Nun war Tibor an der Reihe. Wir hatten vorher abgemacht, dass er das tun würde. Es war eine Geste, der Startschuss ins Leben und gleichzeitig auch in den Tod, denn sobald die Versorgung mit sauerstoffreichem Blut durch diese Leitung ausfiel, befand sich unser Kind in lebensbedrohlicher Gefahr, so die Prognose. Dann war der Kleine auf sich selbst gestellt. Der Schnitt war jedoch unvermeidlich, würde die Schnur früher oder später doch auch von selbst zu pulsieren aufhören.

Nach dem Schnitt legte mir die Hebamme mein Kind auf die Brust. Tibor beugte sich über uns beide. Wir waren eine Familie. Annette machte ein Foto von uns dreien. Dann gingen alle leise hinaus, die Ärztin, die Hebamme und noch eine weitere Schwester. Wir Bohgs waren allein.

Das Fenster stand offen, die warme Luft einer Augustnacht strich um uns. Alles war still. Es war, als hätte Gott in diesen Stunden für Berlin absolute Stille verordnet. Die ganze Welt hielt andächtig den Atem an, so kam es uns vor. Es gab nur noch uns drei.

Ich kuschelte mit meinem Sohn und dachte nur: »Der ist perfekt.« Ich wusste um die Cele, ich sah sie, aber ich dachte nur: »Mein Sohn, mein Julius – du bist so perfekt. Und so schön.«

Das war jedes zweite Wort von uns beiden: »Du bist so schön, Julius.«

Die Zeit stand still. Wieder parkte uns das Leben, wie nach der infausten Diagnose. Wieder waren wir herauskatapultiert aus dem uns nichtig erscheinenden Alltag. Wir waren nur Gedanken und Gefühl, nichts anderes. Wir weinten, bestaunten dieses kleine Menschlein – unser eigen Fleisch und Blut. So perfekt und friedlich musste sich die Ewigkeit anfühlen.

Eine Stunde verging so. Es hätte auch eine Minute sein können oder ein Tag, ich weiß das mit der Stunde nur, weil es Annette sagte. Ich kann mich an nichts erinnern aus dieser Zeit, außer an die Tatsache, dass Julius da war und auf mir lag.

Die Tür ging leise auf, Annette kam vorsichtig mit der Ärztin herein.

»Constanze, wir müssen dich jetzt noch medizinisch versorgen, okay? Der Papa geht jetzt raus mit dem Julius.«

Eine Vorahnung durchfuhr mich, dass ich Julius nicht mehr lebend wiedersehen würde. Ich dachte aber gleichzeitig, er ist bei seinem Papa, in den besten Händen, die es jetzt für ihn gibt. Ich dachte, ich bekomme einen Anfall, wenn mein eben geborener Sohn schon wieder weg ist, aber es war nicht so. Ganz vorsichtig legte Annette ihn in Tibors Arme und führte ihn hinaus. Ich war noch immer friedlich, noch immer versunken und andächtig staunend über dieses Wunder Julius Felix.

Danach kam ein Anästhesist ins Zimmer. Eine Vollnarkose wollte ich nicht, deshalb sollte er eine Spinalanästhesie machen. Ich hatte das Gefühl, dass ich nüchtern und wach bleiben muss, wegen Julius, ich konnte mir keine Abwesenheit erlauben.

»Sie werden volles Bewusstsein haben, aber sechs Stunden lang nichts merken, vom Becken an. Vielleicht werden Sie Kopfschmerzen haben oder sich übergeben müssen.«

»Das ist mir alles egal, solange ich im Kopf voll da bin. Ich hoffe, Sie wissen auch nachts um zwei ganz genau, was Sie da mit der Spritze in meinem Rückenmark machen. Ich bin Jogger und will weiter laufen können.«

Beide mussten wir lachen, sein Assistent sah mich ungläubig an. Er konnte meine Entspanntheit kaum fassen, das sah ich, doch all meine Angst und Anspannung waren weg. Julius war in besten Händen, das Leben nahm seinen Lauf, ich war versorgt. Alles war gut.

Die Anästhesie wirkte, und so konnte mich die diensthabende Stationsärztin versorgen. Danach rollten sie mich mit dem Bett in einen anderen, kleinen Raum. Sofort danach kam Tibor herein, mit Julius im Arm.

»Lebt er noch?«

Tibor schüttelte nur den Kopf. Tränen liefen ihm über die Wangen, genauso wie mir.

Das war das Erdenleben unseres ersten Sohnes. Gott hatte ihm siebenundzwanzig Wochen in meinem Bauch gegeben und zwei Stunden unter dem friedlichen Himmel einer lauen Berliner Sommernacht.

Sternenkind

Einzelheiten über die letzte Stunde unseres Sohnes erfuhr ich erst am Tag danach, als Tibor mir alles erzählte: Wie er mit ihm in einem Arztzimmer nebenan sein konnte, auf einer Liege, in aller Ruhe. Tibor hatte sein T-Shirt ausgezogen, Julius lag auf ihm, nackt, geschützt von großen Handtüchern, damit er nicht auskühlte. Tibor sprach mit ihm, er streichelte ihn, er sang seinem Sohn Lieder vor. Nach ungefähr einer Stunde fühlte er, dass Julius eingeschlafen sein musste. Ohne Kampf, ohne Schmerz und ohne Aufbäumen hatte sich der Kleine auf den Weg gemacht.

In regelmäßigen Zeitabständen kam eine Schwester vorbei, um zu sehen, ob alles in Ordnung sei. Als sie das vierte Mal kam, zitterte Tibor am ganzen Körper, zuckte und schluchzte.

»Ich glaube, er ist tot … Ich glaube, seine Seele ist gegangen.«

Die Schwester wollte den Puls des Babys fühlen, doch da war nichts mehr.

»Sollen wir das der Mutter sagen?«, fragte sie mit belegter Stimme.

»Ja, klar«, sagte Tibor, »warum nicht? Er ist gestorben, da gibt es nichts zu beschönigen.«

Damit stand er auf und ging zu mir herüber, zusammen mit Julius und seiner Nachricht. Ich war traurig, aber ich war nicht verzweifelt. Ich war auch nicht überrascht, ich hatte es geahnt. Es war uns so vorhergesagt worden. Aber mir war auch noch nicht richtig klar, dass Julius tot war. Für mich fühlte er sich eher wie neu geboren an.

Wir legten ihn zu mir auf das Bett, Tibor legte sich neben

uns, und wir bewunderten ihn weiter. Die Füße, die Nase, die Wimpern. Nicht sattsehen konnten wir uns an diesem kleinen Menschlein. Wir machten unzählige Fotos, wie wir uns das auch vorgenommen hatten, und Tibor nahm mit Hilfe der Hebamme Fuß- und Handabdrücke. Die beiden wogen Julius auch, maßen ihn, und so stand all das in der niedlichen Karte, die wir vom Krankenhaus bekamen:

Ich, Julius Felix, wurde heute am 23. 8. 11 um 0.45 in Berlin in der 28. SSW geboren. Mein Kopfumfang betrug 22 cm, ich war 34 cm groß und habe 800 g gewogen. Ich bin 125 Minuten nach meiner Geburt zum Engel geworden und in den Himmel zurückgeflogen.

Auf deren Rückseite lasen wir ein Zitat aus »Der kleine Prinz« von Antoine de Saint-Exupéry:

Wenn du bei Nacht den Himmel anschaust, wird es dir sein, als lachten alle Sterne, weil ich auf einem von ihnen wohne, weil ich auf einem von ihnen lache. Du allein wirst Sterne haben, die lachen können!

Wieder vergingen die Stunden, ohne dass wir etwas merkten. An Schlaf war nicht zu denken. Um sechs Uhr morgens kam Annette herein, um sich zu verabschieden, es war der nächste Schichtwechsel. Sie setzte sich zu uns, weinte mit uns, bewunderte mit uns den Kleinen.

Danach brachte uns eine Kollegin von ihr ein Stockwerk tiefer, von der Geburtsstation auf die normale gynäkologische Station. Dort bekamen wir ein Einzelzimmer in einer ruhigen Ecke, gleich neben dem Schwesternzimmer. Alle wussten Bescheid, alle gingen vorsichtig und mitfühlend mit uns um.

»Sie nehmen sich bitte alle Zeit dieser Welt«, sagte eine Schwester.

Alles war vorbereitet: In dem Einzelzimmer stand schon ein zweites Bett für Tibor. Wir schoben die beiden Betten zusammen, damit wir beide nebeneinander bei dem Kleinen liegen konnten. Außen an der Tür war ein Schild angebracht, auf dem stand, dass keiner ohne vorhergehende Anmeldung im Schwesternzimmer zu uns hereinkommen durfte. Dieses Zimmer sollte für die nächsten zwölf Stunden unsere Welt sein.

Morgens kam das neue Team zu uns ins Zimmer, ganz andächtig. Alle wollten Julius sehen. Das empfanden wir nicht als Störung, sondern es freute uns. Es war schön, dass sie sich für unser Kind interessierten, schließlich waren das die einzigen Menschen, die wir nun um uns hatten. Die Geburt war viel zu plötzlich gekommen, als dass wir darüber hätten nachdenken können, ob wir unsere Mütter oder meine Geschwister hätten nach Berlin und in die Klinik holen sollen.

Ab acht Uhr morgens fühlte ich ein Kribbeln in den Beinen, ich konnte sie nach und nach wieder bewegen. Bald konnte ich wieder aufstehen, mich umziehen, mir das Gesicht waschen, die Zähne putzen. Wir baten eine Schwester, den beiden Chefärzten Bescheid zu sagen und die Zimmernummer mitzuteilen, falls diese vorbeikommen wollten. Tatsächlich stand bald Dr. Abou-Dakn bei uns, um sich den Kleinen anzusehen. Es war, als würde er für einen Moment in einen Kokon eintreten, der sich um uns drei gebildet hatte. Er beglückwünschte uns zu unserem Sohn, und wir dankten ihm. Wir wollten kein Mitleid, kein Beileid, das spürte er.

»Ich freue mich auch auf die Geschwister von Julius«, sagte Dr. Abou-Dakn, »jetzt schon. Sie sind bei uns jederzeit willkommen, mit jedem Kind.«

Einige Zeit danach kam Frau Dr. Schmidt, die Chefärztin der Kinderklinik.

»Darf ich ihn mal sehen?«, fragte sie vorsichtig.

Sie nahm den Kleinen auf den Arm und besah ihn sich genau.

»Ooch, ist der süß«, meinte sie, trotz allem, was sie über unser Kind wusste, über seine Krankheit, sein Schicksal. »Na ja, ich bin Neonatologin«, fügte sie erklärend hinzu.

Sie machte auf unseren Wunsch noch ein Foto von uns dreien, dann wandte sie sich abrupt zum Gehen. Sie hatte eine Spur von Tränen in den Augen und war bewegt, aber das wollte sie uns nicht unmittelbar zeigen. Als erfahrene Chefärztin hat sie sicher schon viel Leid gesehen, hatte sich aber zusammen mit ihrem Team neben der Professionalität doch einen einfühlsamen Umgang bewahrt. Es wundert mich nicht, dass die Kinderklinik des St. Joseph Krankenhauses als erstes Kinderkrankenhaus der Welt das von der WHO und der Unicef zertifizierte Prädikat »Babyfreundliche Kinderklinik« verliehen bekommen hatte.

Einmal kam eine Schwester, um uns etwas zu essen zu bringen, aber keiner von uns hätte einen Bissen heruntergebracht. Eine Ärztin kam, um mich noch einmal durchzuchecken. Sie fragte mich, wie ich abstillen wolle. Ich entschied mich für das medikamentöse Abstillen, immerhin hatte mein Körper bis jetzt wunderbar mitgespielt, nun wollte ich es ihm so einfach wie möglich machen, weil mir die bald einschießende Milch wahrscheinlich sonst Schmerzen und Probleme bereitet hätte, ohne Säugling. Eine andere Schwester kam mit den Papieren für Julius. Mit dem toten Julius im Arm unterschrieb ich ein paar Formulare und rief im »Garten der Sternenkinder« an. Das wollte ich schon vor der Geburt getan haben, doch dafür hatte die Zeit nicht mehr gereicht.

»Er kommt in die Pathologie, bis ihn der Bestatter abholt, normalerweise«, sagte uns eine Schwester, »aber ich würde ihn an Ihrer Stelle nicht dahin geben, sondern in die Kreißsaalkühlung. Da können Sie immer zu ihm, wenn Sie ihn sehen wollen. Da gibt es keine Öffnungszeiten, Sie können jederzeit zu ihm.«

Das war einfühlsames Mitdenken und Mitempfinden, und es war gleichzeitig ein Schlag: Unser Kind kommt nicht ins Bettchen, sondern ins Kühlhaus. Unser Kind ist tot. Langsam erst fraß sich dieser Satz durch die Schicht aus Wundern und Staunen, die sich um Julius gelegt hatte.

Unser Kind ist tot.

Wir sandten noch aus dem Krankenhaus Nachrichten an unsere Eltern und Freunde. Mit jeder SMS, der wir ein Bild von Julius und uns beiden beifügten, wurde uns klarer, was passiert war.

Unser Kind ist tot.

Wir bekamen wunderbare Antworten auf unsere E-Mails. Susel schrieb:

Lieber Tibor und liebes Stanzerl und lieber Julius,
ich kann mich heut an gar nichts erfreuen. Ich denke permanent an EUCH drei. Ich bete so sehr, dass Gott Euren Schmerz und die Trauer heilen kann. Ich habe auch die ganze Nacht dafür gebetet, dass Gott Euch Zeit mit Julius schenkt.
Ich hoffe so sehr, dass dies gelungen ist. Natürlich habt Ihr das schönste Baby der Welt. Julius ist ja auch ein einzigartiges kleines Menschenkind.
Ich werde Julius immer in meinem Herzen tragen, und eines Tages werden wir uns alle wiedersehen. Das wird ein Fest!

Watson und Erika aus Hof schrieben:

Liebe Tibor und Constanze
Als wir euer Bild sahen, waren wir berührt. Gott gab euch ein wirklich schönes Baby, und jetzt ist euer wunderbarer Sohn wieder mit Ihm. »Der Tod seiner Heiligen ist wertgehalten vor dem Herrn«, heißt es in der Bibel, und Er hat nun seinen kleinen Heiligen im Himmel bei sich.
Wenn ich daran denke, wie ihr euch verhalten habt während dieser Schwangerschaft, kann ich nur sagen, wie stolz ich auf euch beide bin. Ich glaube, die Entscheidungen, die ihr getroffen habt, waren die richtigen, und Gottes Segen für das, was ihr getan habt, ist noch gar nicht offenbart. Ich wünschte nur, dass meine Kirche den Glauben und das Vertrauen in Gott hätte, das ihr gezeigt habt.
Möge Gott euch trösten während dieser Zeit, und möget ihr Frieden finden bei Ihm.
Viel Liebe

Watson und Erika

Der Tag verging wie im Flug, für uns gab es kein Zeitgefühl. Wir merkten nur, wie sich das Wetter änderte: Heiß war es zuerst, dann schwül, dann zuckten Blitze durch die plötzliche Dämmerung, dann rumpelte es, dann öffnete der Himmel seine Schleusen, bis sich schließlich alles wieder beruhigte.

Ab vier Uhr nachmittags rangen wir mit uns, Julius abzugeben. Wir sahen, dass sich sein Körper schon zu verändern begann, dass er dunkler wurde.

»Schatz, sollen wir?«

Das sagte einer von uns. Vom anderen kam nichts. Dann begann wieder der andere:

»Wollen wir?«

Dann kam wieder nichts.

»Nein, ich kann mein Baby noch nicht hergeben«, sagte ich, setzte mich wieder aufs Bett, von dem ich bereits aufgestanden war, und weinte wieder. Es war ein anderes Weinen als vor der Geburt: bis dahin hatte ich immer zwischen Hochgefühl und Verzweiflung geschwankt, zwischen Ungewissheit und Todesahnung, aber es hatte immer noch Hoffnung gegeben, immer noch Leben in meinem Bauch. Ich war schwanger! Doch nun war der Bauch leer, es gab keinen Grund mehr für Hochgefühle. Und jetzt?

Gegen sechs Uhr abends war der Punkt da, an dem wir beide merkten, dass es nun so weit war.

Wir wollten unser Kind aber nicht einfach der Schwester aushändigen, sondern wir fuhren mit ihr zusammen im Fahrstuhl hoch, Julius in meinen Armen, zurück in den Kreißsaal, und übergaben es einer Hebamme. Es war schrecklich, Julius aus der Hand geben zu müssen.

»Bitte, seien Sie behutsam«, sagte ich der Hebamme noch, was völlig überflüssig war, weil sie ohnehin ganz vorsichtig damit umging.

In diesem Moment war der Traum vorbei. Als wir Julius abgegeben hatten, als sich die Glastür zum Kreißsaal hinter uns schloss und wir mit leeren Armen dastanden, war alles zu Ende.

In diesem Moment brach für uns die Welt zusammen, in der wir fast vierundzwanzig Stunden gelebt hatten. In der Hoffnung auf unser Kind, im Kampf um unser Kind, mit unserem Kind im Arm, mit unserem toten Kind im Bett.

Das alles war nun vorbei. Nichts war mehr da, nur eine unfassbare Leere um uns herum. Meine leeren Arme brannten. Ich wollte schreien. Doch es kam nichts. Alles in mir war still.

Leere

Im Taxi nach Hause starrten wir teilnahmslos nach draußen. Dort war alles wie am Tag zuvor, als wir ins Krankenhaus gekommen waren: die heiße Stadt, der Sommerabend, die vielen Menschen auf den Straßen. Im Auto war dagegen alles anders: keine Fragen, keine bangen Gefühle, keine Spannung, keine Eile, kein Ziel. Wir sahen so fertig aus, so verheult, übernächtigt, müde, verzweifelt, dass der Fahrer sicherheitshalber kein Wort an uns richtete. Wir waren sprachlos vor Unglück.

Zu Hause war alles anders ohne Julius, und ich wurde von der ersten Sekunde ständig darauf gestoßen, dass er nicht mehr da war: Wie leicht war das Hinaufgehen in den vierten Stock, und ich hasste diese Leichtigkeit. Ich war nicht mehr schon im zweiten Stock außer Atem, und ich hasste es. Ich stand vor der Wohnungstür, und niemand klopfte von innen an meinen Bauch wegen meines schweren Atems, und ich musste weinen. Ich ging durch die Wohnung, auf und ab und hatte keine Ahnung, was ich nun anfangen sollte. Mir fiel nichts ein, als mich aufs Bett zu legen und zu heulen.

Ich konnte nur ein paar SMS schreiben, um mich für die Wünsche zu bedanken, die ich nach dem Tod von Julius erhalten hatte. Dann legten wir uns ins Bett, weinten, starrten an die Decke, versuchten zu schlafen, weinten wieder.

Später abends kam Tanja vorbei, die Hebamme, die mit uns die Geburtsvorbereitung machen sollte. Für heute war der erste Termin vereinbart. Sie wusste durch meine SMS schon, dass alles vorbei war. Nun saßen wir, statt Atemübungen zu machen, zu dritt heulend auf der Couch und erzählten ihr von der Geburt. Sie kam nun regelmäßig vorbei, für die Nachsorge. Am nächsten Morgen schon untersuchte sie mich und zeigte mir Rückbildungsübungen. Sie weinte mit uns, ohne uns zu bemitleiden, sie bürdete uns nicht ihre Trauer auf. Sie sagte, sie habe es als Geschenk empfunden, Julius in der letzten Woche noch in meinem Bauch fühlen zu dürfen, sein Klopfen gespürt zu haben.

Sobald sie weg war, herrschte Stille bei uns in der Wohnung, Tag und Nacht. Wir sahen uns die Fotos von Julius an, immer und immer wieder. Wir hingen unseren Gedanken nach. Wir sprachen über Julius. Wir weinten. Wir hielten einander im Arm. Wir schliefen. Die Zeit stand noch immer still, und das sollte sich lange nicht ändern.

Erst der Termin mit einer Bestatterin unterbrach diese Routine. Sie wurde uns als Spezialistin für Kinderbestattungen empfohlen, und sie kannte die Ängste und Sorgen von Eltern, die eben ihre Kleinen verloren hatten. Sie kam dankenswerterweise zu uns nach Hause, so dass wir nicht vor die Tür mussten.

Sie sagte: »Sie machen das, was Sie für richtig halten, und ich schaffe den Rahmen dazu. Ich sage Ihnen nur, was sich machen lässt und was nicht.« Das empfand ich mittlerweile als typisch für Berlin, im besten Sinne: Man ist flexibel und lässt die Leute machen, wie sie sich das vorstellen, ohne sie mehr als nötig einzuschränken mit Verordnungen, Verboten und Kontrollen.

Ratlos saßen wir mit ihr über einem Katalog mit Kindersärgen. Ich glaube, das ist das schlimmste Heft, das ich je durchblätterte in meinem Leben. Die meisten Fotos zeigten verzierte, hochglänzende und lackierte Särge. Schon allein das Wort »Sarg« wollte mir nicht über die Lippen kommen, nicht für Julius. »Bettchen« sagte ich immer, »wir müssen ein schönes Bettchen für ihn suchen.« Es dauerte, bis wir eines fanden: aus hellem, unbehandeltem Holz. Das wählten wir aus. In einer Woche schon sollte die Beerdigung stattfinden. Das wollten wir so.

Wieder schickten wir eine E-Mail an unsere Familien hinaus, und an Susel und Suse. Wir vermieden das Wort »Begräbnis« und nannten den Text lieber »Einladung zum Kennenlernen von Julius Felix«, denn das sollte es auch tatsächlich sein: Die uns wichtigsten Menschen kannten unseren Sohn schließlich alle noch nicht, und die Verabschiedung sollte die erste und gleichzeitig letzte Möglichkeit sein, dieses Kennenlernen nachzuholen:

Liebe Familie, liebe Freunde,
wir haben unseren Sohn Julius Felix nicht verloren, er ist uns nur vorausgegangen.
Wir werden nächsten Dienstag, 30. 08. 2011, um 12 Uhr mittags im Garten der Sternenkinder sein, um im engsten Kreise der wundervollen Monate, die wir hier mit ihm auf der Erde hatten, zu gedenken und ihn beizusetzen.
Wir würden uns so sehr freuen, wenn Ihr alle kommen könntet, verstehen es aber auch, wenn es Euch nicht möglich sein sollte.
Wenn Ihr kommt, so sagt uns bitte bis zum Wochenende Bescheid (am besten per E-Mail).
Wir wünschen uns, dass Ihr nicht in trister schwarzer Trauerkleidung kommt, sondern hell und farbenfroh, gerne auch in Jeans – einfach so, dass Ihr Euch wohl fühlt. »Felix« heißt »der Glückliche« – und dessen sind wir gewiss. Unter diesem Motto wollen wir auch diese Feier begehen.
Bitte bringt auch keine Kränze oder typischen »Grabschmuck« (Schleifen etc.) mit – stattdessen lieber eine Sonnenblume oder ein kleines Sträußlein Blumen.
Die Adresse lautet:

Alter St.-Matthäus-Kirchhof
Großgörschenstr. 12–14
10829 Berlin

Habt Verständnis, dass wir keine formale Einladung verschicken. Wir wollen in den nächsten Wochen jedem persönlich ein paar Zeilen schreiben.
Danke schon heute für Eure Anteilnahme und Unterstützung.

Eure drei Bohgs

Am nächsten Tag fuhren wir zum Friedhof, um eine Grabstelle auszusuchen. Das war einer der absurdesten Momente in meinem Leben, als ich neben Tibor und dem Totengräber die lange Allee in der Mitte des Friedhofs hinaufging, um zum »Garten der Sternenkinder« zu kommen, wie der für Babys reservierte Teil der Anlage heißt. Mir war so sehr übel, dass ich mich am allerliebsten ins Gras am Rande des Weges gelegt hätte und nicht mehr aufgestanden wäre.

Wir kamen zum ersten Feld mit den winzigen Gräbern, das schon komplett belegt war. Ich war nahe daran zusammenzubrechen und konnte es kaum mehr ertragen, neben dem stillen Mann in seiner schwarzen Uniform zu stehen. Der merkte das offenbar und löste die Spannung mit einer Bemerkung über die Anlage: »Sehen Sie sich mal den Zaun an! Das sind lauter Kinder, die sich alle an den Händen halten.«

Das rührte mich so sehr, dass mir sofort die Tränen kamen. Ich wusste nun, dass der Mann nicht nüchtern oder geschäftsmäßig mit uns unterwegs war, sondern auch mit uns fühlte. Dann kamen wir zum zweiten Feld, wo Julius beerdigt werden würde. Die Gräber waren nicht in Reih und Glied, sondern wellenförmig angelegt, hinter ihnen stand ein kleines Holzschiff wie auf einem Kinderspielplatz, allerdings mit einem Kreuz darin. Auf den Gräbern lagen Spielzeuge, Kinderbilder und Stofftiere, vor vielen Grabsteinen drehten sich Windräder. Alles war so bunt und wirkte so lebendig, war aber gleichzeitig surreal und unendlich traurig.

Tibor ging instinktiv zu einer Stelle, neben der schon Kinder lagen, auf beiden Seiten.

»Was hältst du davon?«

Mir war so schlecht, dass ich nichts sagen konnte. »Egal«, dachte ich, »schippt auch gleich mich mit Erde zu, ich bin sowieso am Ende. Was habe ich hier noch verloren?« Das dachte ich aber nur und nickte sichtbar zustimmend. So fanden wir unseren Platz für Julius.

»Zwischen Aurelia und Krümel. Dann ist Julius nicht allein, Schatz«, hörte ich Tibor sagen.

Danach mussten wir Julius' Bettchen abholen bei einem Fuhrunternehmen in Rixdorf. Dort fühlten wir uns ins 19. Jahrhundert zurückversetzt. Hier standen nicht nur Lkws, sondern auch Kutschen und Pferde. Es gab ein Kühlhaus und einen Aufbahrungsraum, der so groß war wie ein Wohnzimmer. Dort sollte die Einbettung von Julius stattfinden, die wir selbst vornehmen wollten. Niemand anderer sollte unseren Kleinen in seine letzte Ruhestätte legen!

Zuletzt fuhren wir mit dem Sarg nach Hause. Wir hatten vorsorglich eine große Sporttasche mitgebracht, in die das Holzkistchen hineinpasste, denn wir wollten nicht mit einem Kindersarg unter dem Arm in die U-Bahn steigen. Keine Ahnung, wie die Menschen darauf reagiert hätten, entsetzt, abgestoßen oder amüsiert, weil sie das vielleicht für einen Gag hielten – wir waren jedenfalls nicht zu Auseinandersetzungen darüber bereit.

Überhaupt erzählten wir nur unseren engsten Vertrauten und Verwandten von Julius' Schicksal – wir hatten das Gefühl, all das noch sehr bei uns behalten zu müssen, weil wir selbst mittendrin steckten. Doch manchmal wusste jemand in unserer Umgebung davon, der nicht engster Freund oder Verwandter war, und es war trotzdem in Ordnung: So hatten wir unserer Vermieterin vom Tod unseres Kindes geschrieben, da sie von meiner Schwangerschaft wusste und sich sonst wohl gefragt hätte, wo denn die Anmeldung ihres neuen Mieters bliebe. Als ich ein paar Tage später vom Einkaufen nach Hause kam, traf ich sie zusammen mit der Hauswartsfrau im Hausflur. Die beiden sahen mich, meine Augenringe, die verheulten Augen. Die Vermieterin kam sofort auf mich zugelaufen und nahm mich einfach in die Arme.

»Ach, Frau Bohg, kommen Sie her, lassen Sie sich umarmen«, mehr sagte sie nicht, weil nicht mehr zu sagen war.

Die Hauswartsfrau stand daneben, so mitfühlend wie unbeholfen, und streichelte mir plötzlich zärtlich über den Arm.

»Hm, ich mach einfach mal so«, flüsterte sie.

Ich fühlte mich geborgen und verstanden und mit meinem Leid akzeptiert von zwei Menschen, die ich kaum kannte.

Wir gingen nicht viel raus aus der Wohnung in diesen Tagen, wir trafen keine Menschen außer die, die wir treffen mussten bei unseren Besorgungen: beim Farbenkaufen im Baumarkt, weil wir den Sarg bemalen wollten, oder beim Versuch, eine Decke zu kaufen, in die wir Julius betten könnten. Selbst diese winzigen Ausflüge kamen uns schon anstrengend und auch grotesk vor: Farben zu kaufen, um den Sarg unseres Kindes zu bemalen! Eine Decke in Läden voller werdender oder gewordener Mütter kaufen, um unseren toten Sohn einzukuscheln! Dabei kamen uns alle Decken viel zu groß vor, zu kratzig oder zu bunt, bis wir letzten Endes unzufrieden mit zwei Moltontüchern davonzogen. Noch immer keine Kuscheldecke!

Anschließend mussten wir ein Paket von der Post abholen, das uns Diana und Rob aus Amerika geschickt hatten – vor drei Wochen, als sie dachten, nun seien es noch ein paar Monate bis zur Geburt. Aufgeregt und gespannt kamen wir mit dem Päckchen nach Hause – was würde darin sein? Wir trauten unseren Augen kaum, als wir sahen, dass uns Diana eine Babydecke geschickt hatte, eine herrlich flauschige, weiche Kuscheldecke. Genau so eine, wie wir sie zuvor stundenlang gesucht, aber nicht gefunden hatten. War das Vorsehung? Telepathie? Natürlich musste ich mich sofort tränenvoll hinsetzen, um den beiden zu danken, ihnen von unserer Trauer zu erzählen – und von dem Wunder mit der Decke:

> *Heute versuchten wir, eine flauschige Babydecke zu kaufen, aber wir fanden keine – natürlich nicht: Weil Gott sie uns durch euch bereits zugeschickt hatte …*

Dann machten wir uns an den Sarg, um ihn für Julius vorzubereiten. Ich dachte, das würde die traurigste Aufgabe überhaupt sein, doch sie war es nicht: Wir saßen beide auf dem Boden unseres Arbeitszimmers, der Sarg zwischen uns, hörten die CD rauf und runter, die uns Diana und Rob geschickt hatten, und bemalten das helle Holz. Ich schrieb »Julius Felix Bohg« auf den Sargdeckel, dann malten wir gemeinsam die vielen Stationen aus dem Leben unseres Sohnes auf das Holz: den Fernsehturm, den wir gemeinsam bestiegen hatten. Den Kuckuck von der Ostsee. Den Kniffelbecher, mit dem wir manche lange Abende in den viereinhalb Wochen unserer Entscheidungszeit zusammen mit meinem Bruder Sebastian verbracht hatten. Das Riesenrad vom deutsch-französischen Volksfest, drei der unzähligen Erdbeeren, die ich in der allerersten Zeit mit Julius so heißhungrig verschlungen hatte. Den Dampfer, mit dem wir gemeinsam auf der Spree unterwegs waren, den Flieger, in dem wir gemeinsam nach Stuttgart geflogen waren, den Strand von der Ostsee, den Hut von Udo Lindenberg, der das wichtigste Requisit bei dem Musical »Hinterm Horizont« war, das wir zusammen mit Julius angesehen hatten. Sechs Stunden lang malten wir das Leben unseres Sohnes auf den Sarg, lachend und weinend und in unseren Erinnerungen schwelgend wie Eltern, die sich an der lange zurückliegenden Kindheit ihres Sohnes erfreuen, immer wieder lachend und wieder weinend. Vor uns hatten wir die Fotokamera auf einem Stativ aufgebaut und machten alle paar Minuten ein Bild vom Fortschritt unserer Arbeit, hatten wir uns doch vorgenommen, das kurze Erdendasein unseres Sohnes zu dokumentieren, so gut es ging. Und nun, das fühlten wir schmerzhaft, war das bald an seinem äußersten Ende angekommen.

Letzte Vorbereitungen

Der Abschied von unserem Sohn begann bei ebenjenem Bestattungsunternehmen in Rixdorf, bei dem wir das Holzkistchen abgeholt hatten. Wir kamen per U-Bahn mit unserem bemalten Kästchen hin, Julius reiste im Auto des Fuhrunternehmers aus dem St. Joseph Krankenhaus an. Wir hatten Angst vor diesem Termin, weil wir nicht wussten, wie bizarr es sein würde, unseren toten Sohn aus dem Kühlhaus geliefert zu bekommen, ihn anzufassen, ihn in seine amerikanische Kuscheldecke zu hüllen und in den Sarg zu betten, aber sobald wir Julius bekamen, waren die Ängste weg. Wir hatten unser eigenes Fleisch und Blut im Arm, in eine Decke gewickelt, und Julius sah so frisch aus wie direkt nach der Geburt, obwohl er eiskalt war.

Wir konnten fünf Stunden lang allein in einem Raum mit ihm sein, bis abends, solange die Firma ihre Büros geöffnet hatte. Der Raum war extra für Einbettungen und Aufbahrungen eingerichtet. Hier waren wir noch einmal Familie, und bald kam es mir vor wie vor ein paar Tagen im Krankenhaus, in einer Zeitkapsel außerhalb allen anderen Lebens, nur wir drei, die Familie Bohg. Es waren glückliche Stunden mit Julius, so unglaublich das klingt, aber es war so: glückliche Stunden mit unserem Sohn.

Noch einmal sahen wir ihn genau an, fotografierten ihn, ja studierten regelrecht jedes Detail von Julius, weil wir wussten, dass das nun das letzte Mal sein sollte, allein mit ihm. Ihn in den Armen zu halten, war das Größte. Ich legte mich neben ihm auf den Tisch, um noch näher bei ihm zu sein, um nichts zu versäumen von dem für mich so kostbaren Anblick. Ich kuschelte mit meinem Sohn. Die Zeit stand still. Tibor und ich wechselten uns ab, mal hielt und wiegte ihn der eine, mal der andere. Wir schwiegen, wir sprachen über ihn, und wir beteten. Wir weinten. Wir wollten keinen Pastor bei diesem Ritual dabeihaben. Es waren uns heilige Stunden, nur wir drei. Unsere Familie. Also las ich selbst aus der Bibel vor, Psalm 139, Vers 1–18. Ich las stellvertretend für Julius:

Lieber Gott, du hast mich erforscht und erkannt.
Ob ich sitze oder stehe, du weißt es,
du kennst meine Gedanken von fern.
Ob ich ruhe oder gehe, du prüfst es,
mit all meinen Wegen bist du vertraut.
Noch eh das Wort auf meine Zunge kommt,
hast du es schon gehört, Gott.
Von allen Seiten umschließt du mich,
ich bin ganz in deiner Hand.
Das ist zu wunderbar, dass ich es begreife,
zu hoch, dass ich es versteh!
Wohin kann ich gehen, um dir zu entkommen,
wohin fliehen, dass du mich nicht siehst?
Steige ich zum Himmel hinauf, so bist du da,
lege ich mich zu den Toten, da bist du auch.
Nehme ich die Flügel des Morgenrots und lasse mich
nieder am Ende des Meeres, auch dort wirst du mich
führen, und deine Hand wird mich fassen.
Sage ich: »Die Finsternis soll nach mir schnappen,
das Licht um mich werde Nacht!«
Auch Finsternis ist nicht finster vor dir, die Nacht leuchtet
bei dir wie der Tag, die Finsternis wie das Licht.
Gewiss, du selbst hast mein Inneres gebildet,
mich zusammengefügt im Leib meiner Mutter.
Ich preise dich, dass ich auf erstaunliche Weise
wunderbar geworden bin.

Wunderbar sind deine Werke, das erkenne ich sehr wohl.
Als ich im Verborgenen Gestalt annahm, kunstvoll
gewirkt in den Tiefen der Erde,
war ich nicht unsichtbar für dich.
Du hast mich schon gesehen, als ich noch ein Embryo war.
Und in dein Buch waren sie alle geschrieben, die Tage,
die schon gebildet waren, noch ehe der erste begann.
Wie kostbar, Gott, sind mir deine Gedanken!
Wie unermesslich ist ihre Fülle!
Wollte ich sie zählen, so wären sie mehr als der Sand.
Am Ende bin ich noch immer bei dir.

Dein Julius Felix

Nach unserer Zeit im Einbettungsraum hatten wir irgendwann spätnachmittags das Gefühl, dass der Körper nun seine Ruhe haben wollte. Wieder war der Abschied unsagbar schwer. Wieder schoben wir es Minute um Minute hinaus. Noch einmal ansehen. Noch einmal näseln. Noch einmal dicht an Mamas und Papas Herz drücken.

»Halte dich schön, bis Dienstag«, hörte ich mich irgendwann sagen, »die Großeltern wollen dich auch noch sehen. Die Tanten, die Onkel …«

Für manche mag es komisch sein, wenn jemand mit seinem toten Kind spricht, aber ich konnte nicht anders, für mich machte das keinen Unterschied. Es war mein Kind, solange Julius auf dieser Welt weilte, und das hatte er kurz genug getan.

Wir gaben Julius ein weiteres Mal ab.

Wir traten hinaus auf den Hof, in den glühend heißen Berliner Augustabend. Wir setzten uns noch in die Sonne und nahmen den – genauso wie wir selbst auch – seltsam aus der Zeit gefallenen Ort wahr: das alte Pflaster, die Kutschen in ihren Remisen, das Klack-Klack der Pferdehufe, den Geruch der Ställe. Wir waren mitten in der Stadt und doch ganz woanders, an einem Ort, der genauso innehielt wie wir selbst.

Zu Hause sahen wir wieder und wieder die Fotos durch, die wir von Julius gemacht hatten. Ganz langsam ließen wir sie eines nach dem anderen über den Bildschirm wandern, Hunderte, die wir aus den wenigen gemeinsam verbrachten Stunden herübergerettet hatten. Die Trauer kam in Wellen, fast so wie die Wehen, genauso körperlich, wie schwere Wogen, unter denen wir zu ertrinken drohten. Immer wieder bekam ich das Gefühl, nicht mehr atmen zu können, und doch musste ich jede einzelne Träne weinen, jede dieser brachialen Wogen durchleben.

Wir holten einen Brief von Tibors Mutter aus dem Briefkasten, der uns einerseits das Herz brach, andererseits voller Liebe zu umarmen schien:

Mein lieber kleiner Julius Felix, mein Enkelchen,
ich habe so lange auf Dich gewartet und mich gefreut, Dich zu begrüßen in dieser für Dich neuen Welt, an der Seite Deiner Eltern.
Mich gefreut, Deine Strampelbeinchen zu streicheln, Dein Gesicht zu küssen und Dich in meinen Armen in den Schlaf zu wiegen, Dich zu trösten und Dir so vieles über diese Welt zu erzählen.
Aber ich weiß jetzt, ich werde nicht das Glück haben, das alles für Dich zu tun und mich mit Dir auf alles Neue in Deinem Leben zu freuen.
Eines ist Dir aber sicher, ich vermisse Dich jetzt schon sehr und für immer, aber vergessen werde ich Dich nie.
Du bleibst und lebst für immer in meinem Herzen, Du mein kleiner Enkelsohn.
Und wenn ich in den Himmel schaue, dann weiß ich,

dass Du in den guten Händen bist. Schlafe in ewiger Ruhe.
Ich verabschiede mich in tiefer Trauer von Dir, mein kleiner Enkelsohn.

Deine Dich liebende, untröstliche Oma.

Am Sonntag fuhren wir zum Friedhof, auf dem Julius liegen sollte, und trafen dort Kathrin. Sie hatte ich über einen Abreißzettel kontaktiert, den sie dort angeklebt hatte – falls jemand Hilfe benötigen sollte von Sternenmutter zu Sternenmutter, und diese Hilfe brauchte ich. Kathrins Lilly war vor zwei Jahren gestorben, kurz nach der Geburt, ebenso wie Julius mit einer infausten Diagnose, mit einer Krankheit, die nicht vereinbar war mit dem Leben.

Kathrin war zwei Jahre weiter auf ihrem persönlichen Trauerpfad, und sie konnte uns gut helfen. Wir trafen uns im Café *finovo,* das direkt auf dem Gelände lag. Zuerst musste ich staunen – einen Friedhof mit Kaffeehaus hatte ich noch nie gesehen, so ein Café aber auch noch nicht: Es war im ehemaligen Haus des Totengräbers untergebracht, hatte aber so gar nichts Unheimliches oder Trauriges an sich, sondern war so gemütlich und vertraut wie ein lange schon benutztes Wohnzimmer. Es gab selbstgebackene Torten und Vogelgezwitscher auf der Terrasse. Wir erfuhren, dass engagierte Menschen das Café und einen Kulturverein betreiben, um den uralten, historischen Friedhof zu erhalten und ihn mit neuem Leben wie Lesungen oder Konzerten zu erfüllen. Es klingt vielleicht merkwürdig, aber im Gegensatz zu unserem ersten Besuch auf diesem Friedhof fühlten wir uns diesmal fast wohl, auf seltsame Art geborgen. Wir sagten Kathrin, dass wir unseren Sohn hier in zwei Tagen begraben würden.

»Wie macht ihr das denn?«, fragte sie neugierig.

Wir stutzten, weil wir uns über die Einzelheiten noch nicht groß Gedanken gemacht hatten. Wir wussten nur, dass wir unter uns sein wollten, mit unseren Eltern, Geschwistern und den beiden engsten Freundinnen von mir. Wir wussten, dass wir keinen Pastor wollten, keine Reden, keinen Pomp, keine Kränze. Wir hatten gedacht, dass wir eine Gitarre mitnehmen würden, um vielleicht etwas zu spielen, wenn uns danach wäre. Vielleicht würden wir auch aus der Bibel lesen, am Grab. Aber sonst?

»Wir würden wohl erst in der Kapelle zusammenkommen«, sagte ich, »am offenen Sarg, damit alle Julius kennenlernen können.«

»Nicht in die Kapelle! Seid ihr wahnsinnig?«, sprudelte es aus Kathrin heraus. »Die Riesenkapelle, und da das winzige Kind rein … Macht das doch im Café! So habe ich es mit Lilly auch gemacht.«

»Wie bitte, im Café?«

Eine Aufbahrung in einem Kaffeehaus – davon hatte ich noch nie gehört. Natürlich hatten wir die Kapelle schon von außen beäugt, eine streng aussehende, klassizistische Aufbahrungshalle mit italienischem Touch, die aus dem 19. Jahrhundert stammte – freilich nicht unser Fall, aber gab es eine andere Wahl?

»Ja, klar, der Bernd macht das. Oberhalb des Cafés gibt es einen Raum für Trauerfeiern, dort sieht es aus wie in Omas Stube …«

»Ist das denn erlaubt, dort?«

»Fragt einfach den Bernd, er wird euch alles erklären.«

Wir machten das umgehend und waren verwundert: Bernd war nicht nur der Betreiber des Cafés, er war auch Bestatter, Schauspieler, Aktivist für die Erhaltung des Friedhofs und überdies ein sehr feinfühliger Mensch, der großes Verständnis für die Bedürfnisse von Trauernden hatte. Wir kamen sofort überein, dass er die oberen Räume für uns reservieren würde, für unsere Verabschiedung von Julius, während unten normaler Cafébetrieb stattfinden würde. Wir hätten nicht gedacht, dass es möglich wäre, mit so viel Selbstverständlichkeit und Normalität über das Abschiednehmen von einem Toten zu sprechen. Ohne Aufhebens, ohne Trauergetue und doch voller Anteilnahme und Ernsthaftigkeit. Wir sahen uns darin bestätigt, hier den richtigen Platz für Julius gefunden zu haben.

Abends schickten wir eine E-Mail an alle Beteiligten, um sie auf die Beerdigung vorzubereiten, war unsere Vorgangsweise doch so ungewöhnlich, dass wir niemanden damit überraschen oder gar vor den Kopf stoßen wollten:

Liebe Familie & Freunde,
hier wichtige Informationen für Dienstag wegen des Ablaufs, bitte in Ruhe durchlesen.
Wir schicken es vorab, weil wir nicht wissen, wie wir uns am Dienstag fühlen bzw. in der Lage sind, durch die Zeit zu leiten. Wir wollen keinen offiziellen »Bestatter«, wir wollen alles selbst gestalten.
Bitte seid pünktlich um zwölf Uhr am Eingang des Friedhofs. Wir werden Euch dort empfangen.
Wir gehen dann alle zusammen zum Kennenlernen von Julius. Das heißt im Detail, dass jeder, der will, an das Bettchen gehen kann, mit Julius reden kann, wenn er/sie will, oder einfach nur kurz innehalten. Wir erwarten es von niemandem – bitte fühlt Euch in keinster Weise verpflichtet, irgendetwas zu tun. Wir haben es räumlich so gestaltet, dass man auch einfach mit den anderen im Nebenraum warten kann.
Das Wichtigste für uns in diesen gemeinsamen Stunden mit Euch und unserem Sohn ist: Tut und sagt, was Euch guttut, was Ihr instinktiv machen wollt – egal, was die anderen denken.

So werden auch wir es tun. Es gibt kein »Das macht man nicht« oder »Das reicht dann aber auch«. Jeder soll sich so lange Zeit nehmen, wie er braucht. Diese Momente kommen nicht wieder.
Wenn wir alle unsere Zeit mit dem Kleinen gehabt haben, werden wir alle zusammen zum Garten der Sternenkinder (auf dem Gelände) gehen.
Dort wollen Tibor und ich – wenn wir es schaffen – unseren Brief an unseren Sohn vorlesen, danach noch einen Psalm.
Dann werden wir Julius an seinen Schöpfer übergeben. Wir wären Euch dankbar, wenn Ihr danach noch ein bisschen bei uns bleibt, wir wollen mit Euch noch zusammensitzen und reden (im Café direkt beim Friedhof). Wenn Ihr losmüsst, ist das aber auch total okay.
Wir werden uns von jedem vor dem Eingang auch wieder verabschieden, danach möchten wir für uns sein. Bitte habt Verständnis.
Es ist gut möglich, dass sich manches oder alles bis zum Dienstag wieder ändert (außer dem Zeitpunkt des Beginns!). Tibor und ich machen alles spontan so, wie wir zwei es für richtig halten. Bitte seid auch so flexibel.
Danke so sehr, dass Ihr alle kommt – das ist so schön für uns. Wir sind dankbar für jeden, der seine Trauer auf seine eigene Art und Weise mit uns teilen kann an diesem Tag.
Euch allen eine gute Anreise und bis übermorgen.

Eure Constanze & Tibor mit
Julius Felix im Herzen.

Der Tag vor der Beerdigung war der schlimmste. Noch monatelang danach ging es mir jeden Montag schlecht, mit einem pünktlich wiederkehrenden Tiefpunkt gegen Abend, der die ganze Nacht andauerte. Montagabend hatte die Geburt von Julius begonnen, und an einem Dienstag war er geboren und gestorben und würde nun begraben werden. Ich heulte, heulte, heulte, Tibor konnte mich nicht mehr beruhigen. Schreckliche Fragen bedrängten mich: Wird Julius noch schön sein morgen? Wie werden die anderen ihn empfinden? Wie wird das Schließen des Sargdeckels werden? Wie schlimm der Weg nach oben zum Grab? Wie entsetzlich das eigenhändige Zuschaufeln?

Ich hatte auch die Nächte zuvor schon kaum geschlafen, ich konnte so gut wie nichts mehr essen. Ich sagte Tibor, dass ich diese Nacht wachen würde, dass ich keine andere Möglichkeit hätte. Ich fühlte mich wie Keanu Reeves in dem Film »Matrix Revolutions«, Neo in der Zwischenwelt, der weder vor noch zurück konnte, auch wenn er noch so wollte. Auch ich wollte nichts als zurück – eine Woche zurück, genau eine Woche, als ich Julius noch lebendig und fröhlich Tritte verteilend im Bauch tragen durfte. Ich wollte zurück zu meinem Bauch, zu dem täglichen Heimkommen Tibors, zurück zu unserem kleinen Familienleben, zurück zu den Wehen, zurück zu uns dreien. Ich wollte zurück, war aber doch in elender Dunkelheit gefangen.

Nur durch Tibors behutsame Art und liebevolle Worte kam ich durch diese Nacht. Ruhig sprach er auf mich ein, ging mit mir Punkt für Punkt die Ereignisse von vor einer Woche durch, während der Geburtsnacht. Nur zusammen mit ihm konnte ich mir die Perspektive erarbeiten, dass auch jetzt nicht alles vorbei, sondern dass auch diese Nacht nur ein weiterer Puzzlestein in unserer lebenslangen Reise ist. Immer wieder musste ich mir vorsagen, dass wir Julius nicht verloren hatten, sondern dass er uns nur vorausgegangen war. Tibor tröstete mich vor allem mit seinem Versprechen, dass ich so lange trauern und den Verlust von

Julius verarbeiten könne, solange ich das brauche. So kehrte langsam Ruhe in mir ein. Still saßen wir beisammen. Ich fühlte uns als drei Menschen, ich fühlte Julius bei uns. Die Nacht war lau und sternenklar. Vom Hof kam nur das Blätterrauschen in den Pappeln. Es herrschte Frieden.

Irgendwann lange nach Mitternacht ging Tibor zu Bett, und ich nahm meinen Laptop zu mir. Ich schrieb E-Mails in die USA, an Diana und an Susie. Ich war dankbar für die Zeitverschiebung. Ich bekam sofort Antworten, die mir halfen: Susie schrieb, dass für sie der Tag vor der Beerdigung Joshuas viel schlimmer gewesen sei als der Tag selbst.

Später nahm ich meine Gitarre zur Hand und sang *Blessed be Your Name:*

You give and take away,
You give and take away,
My heart will choose to say:
Lord, blessed be your name!

Ich hatte dieses Lied schon öfter für Julius gesungen, mit der Gitarre auf dem dicken Bauch, und ich dachte, ich würde die Gitarre auch am nächsten Tag mitnehmen und dieses Lied am Grab singen. Es war vier Uhr morgens, und es wurde schon hell, als ich mich endlich hinlegen konnte, völlig erledigt, ausgeweint, leer.

Nach zwei Stunden Schlaf war es schon wieder vorbei mit der vorläufigen Ruhe. Der Wecker klingelte, ein neuer Tag sollte beginnen. Der letzte Tag mit Julius.

Der letzte Tag mit unserem Sohn auf dieser Welt.

Unter die Erde

Dieser Tag begann um acht Uhr morgens im Büro unserer Psychologin. Jede Woche am Dienstagmorgen waren wir bei Frau Fricke, in all den Monaten war das ein Fixstern in unserem Wochenablauf gewesen, und an diesem wichtigen Tag wollten wir keine Ausnahme machen, schon gar nicht, da das unser erster Termin bei ihr nach der Geburt war. Nur am Geburtstag selbst hatten wir unser Treffen mit ihr ausfallen lassen müssen. Wir hatten ein gutes Gespräch, erzählten viel von letzter Woche und luden sie zur Beerdigung ein, die in wenigen Stunden stattfinden sollte. Frau Fricke war berührt von der Idee, musste aber absagen, weil sie zur selben Zeit zu einer Beratung musste – zu einem neuen Paar aus der Praxis von Professor Chaoui, das vor derselben Entscheidung stand, wie wir das getan hatten. Wie sich der Kreis schließt, dachte ich, wie die immer gleichen Katastrophen immer und immer wiederkehren, wie unsere Geschichte eingebettet ist in einer großen Geschichte, die nie aufhören wird, solange es Menschen gibt.

Wir liefen wieder nach Hause, aufgeregt und angespannt, abwartend, bis es endlich so weit sein sollte für uns. Außerdem war es vorbei mit der angenehmen Wärme der letzten Wochen: Ein Regenguss hatte die Luft abgekühlt, es war ein windiger, trüber und wolkenverhangener Tag, an dem man seine Jacke gut gebrauchen konnte. Begräbniswetter, mitten im Sommer.

Als wir mit dem Taxi am Friedhof ankamen, war im ersten Stock des Cafés schon alles vorbereitet: Bernd hatte Julius bereits gebracht, die zwei Räume waren liebevoll und zurückhaltend dekoriert. Die Rosenblätter, die Bernd um Julius' bemaltes Bettchen ausgestreut hatte, und die blauen Bänder um den Sarg, an denen er ins Grab gelassen werden sollte – es sah alles so wunderschön aus. Die Atmosphäre war friedlich. Vorbereitet. Aber was war mit diesen Bändchen los?

»Bernd, was hast du da gemacht? Die sind ja einfach drangetackert an sein Bettchen!?«, fragte ich überrascht.

»Ja, klar. Aber ich hab vor jedem Tackern gesagt, ›Vorsicht, Julius, jetzt knallt's mal kurz‹, und dann war es gut.«

Das kam so ehrlich heraus, aber auch so herzlich, dass wir alle drei auf der Stelle lachen mussten.

Endlich wagten wir, den Deckel zu öffnen – und Julius sah wunderbar aus, immer noch. Nur sein Gesicht war zu sehen, die Haare, ein Ohr. Er sah so süß aus wie direkt nach seiner Geburt, so rosig, so frisch. Wir saßen die eine Stunde, bevor die Trauergäste kommen sollten, einfach nur da, auf der Eckbank unter der Dachschräge, und besahen wieder und wieder unseren Sohn. Ich wollte ihn nicht noch einmal herausnehmen aus seinem Bettchen, deshalb umarmte ich das ganze Kästchen, in dem er lag, und versank in seinen feinen Gesichtszügen. Vom Erdgeschoss her war das Stimmengemurmel der Kaffeehausgäste zu hören, die keine Ahnung davon hatten, was hier oben vor sich ging, was auch gut so war – und es war gut, dass wir etwas vom Leben hörten, das trotz allem weiterging.

Durchs Fenster sah ich, dass alle unsere Besucher schon eine Viertelstunde vor der Zeit vor dem Friedhofseingang standen, mit betretenen Mienen. Wie weh mir das tat, ihre traurigen Gesichter zu sehen – unsere engste Familie, meine zwei Freundinnen, so voller Leid und Gram. Ich überlegte, sofort hinunterzugehen, blieb dann aber sitzen. Nein, dachte ich, diese Menschen habe ich noch lange, aber meinen Sohn kann ich erst wieder in anderen Gefilden sehen.

Ich war geizig beim Weggeben der Zeit mit meinem Sohn, weil ich so wenig von dieser Zeit bekommen hatte.

Punkt zwölf gingen wir dann hinunter, Tibor und ich Hand in Hand. Alle waren gekommen: meine Eltern mit meinen Geschwistern Sybille, Justus und Sebastian, Tibors Mutter und seine Schwester Dascha, sein Großvater mit seiner Lebensgefährtin Heidi. Meine Freundinnen Susel aus der Oberlausitz und Suse, die mit ihrem Mann aus Frankfurt am Main angereist war. Tibors Bruder hatte sich entschuldigt – er hatte uns eine liebevolle E-Mail geschickt und sich erklärt. Wir hatten vollstes Verständnis. Tibors Vater und seine Lebensgefährtin hatten auch abgesagt.

Wir begrüßten jeden Einzelnen, umarmten alle.

»Ich bin jetzt Mama!«, sagte ich stolz zu jedem, und alle weinten.

Wir gingen ins Café, hinauf in den ersten der beiden oberen Räume. Die Tür zum zweiten Raum, in dem Julius lag, war noch geschlossen. Tibor begann zu sprechen, aber ihm versagte die Stimme, also versuchte ich zu reden, so gut es ging. Ich bedankte mich bei allen, dass sie gekommen waren. Ich sagte ihnen, dass wir das heutige Ereignis bewusst »Kennenlernen« nennen wollten, ich beschrieb ihnen, was sie im Nebenraum erwarten würde: Julius eingewickelt in seine Kuscheldecke, aus der nur das Köpfchen heraussah. Das kleine Näschen, die schwarzen Haare, ganz wie bei seinem Papa, die kleinen, süßen Ohren.

»Jedem ist es freigestellt, ob er Julius kennenlernen will oder nicht. Wir werden die ganze Zeit bei ihm sitzen. Jeder soll sich nur eines überlegen: Wir haben seit Julius jeden Moment in unserem Leben gelebt. Wir können zu jedem Lebensmoment sagen ›wir haben‹. Den Satz ›hätten wir doch‹ gibt es bei uns nicht mehr. Nun behaltet im Hinterkopf, dass auch dieser Moment nie wiederkommen wird …« Stille. Ich öffnete die Tür zum Nebenraum und wir gingen gemeinsam hinüber zu unserem Sohn. Ich war so glücklich wie eine frischgebackene Mama, die ihr lebendes Kind präsentiert. So wollte ich das auch bei Julius tun, so freudig, so voller Stolz. Genau so.

Es dauerte nicht lange, und die ersten Besucher kamen herein. Manche lugten ganz vorsichtig um die Ecke, weil sie dachten, sie könnten schon von weitem etwas erspähen, aber darin hatten sie sich getäuscht. Man konnte Julius erst sehen, wenn man sich über sein Bettchen beugte, so tief in seine Babydecke eingekuschelt lag er da. Ich saß direkt neben ihm, Tibor stand dicht neben mir und hatte seinen Arm um mich gelegt. Wir sahen Julius die ganze Zeit an, ich konnte meine Blicke nicht von ihm losreißen. Ich hörte nur die Schritte näher kommen und sich wieder entfernen, und ich hörte die halblaut gemurmelten Kommentare.

»Ooch, ist der klein …«

»Ist der schön …«

»So niedlich!«

Ich hörte das Schluchzen derer, die sich wieder entfernten von Julius, ich fühlte die Tränen. Es muss schrecklich gewesen sein für alle: Du siehst deinen Enkel, deinen Neffen, deinen Urenkel zum ersten Mal, und er ist wunderschön, er liegt so friedlich da, wie schlafend. Doch er ist tot.

Es brach mir das Herz, meine Mutter zu sehen, ihre tiefe Traurigkeit. »Mein lieber kleiner Julius.« Wir weinten zusammen, Arm in Arm.

Meine Schwiegermama konnte ihr Weinen kaum bändigen. »Ich wollte dich verwöhnen«, schluchzte sie, »und ich darf es nicht!«

Meine Schwester konnte all diese Gleichzeitigkeiten kaum fassen: »Du weinst mit uns, und du bist gleichzeitig stolze Mutter!« Sie hatte eine Kette dabei, die ich ihr vor vielen Jahren geschenkt hatte. Der Anhänger ist ein kleiner *Tigger,* Winnie Poohs bester Freund. Diese Kette legte sie

Julius mit in sein Bettchen. Uns liefen die Tränen. Wir hielten einander wortlos in den Armen.

Diese Kennenlernstunde war für mich einer dieser ewigen Momente, von denen ich niemals würde sagen können, wie lange sie dauerten. Mein Bruder Sebastian schloss beim Hereinkommen die Türen hinter sich, er wollte mit uns und Julius allein sein. Wir waren fröhlich beisammen, so unglaublich das klingt, wir mussten zwischen all den Tränen viel lachen. Es war wie bei einem der häufigen Treffen während meiner Schwangerschaft, bei denen wir auch in dieser Konstellation zusammensaßen, freilich mit Julius in meinem Bauch.

Dascha, Tibors Schwester, kam ganz vorsichtig herein. Kaum hatte sie Julius gesehen, fing sie an zu lächeln und sagte: »Julius sieht ja in echt noch viel schöner aus als auf den Fotos. Er ist so süß! Das habt Ihr zwei aber gut hingekriegt.«

Sogar mein Vater traute sich herein, was ich nie zu hoffen gewagt hätte – normalerweise geht er solch emotionalen Dingen so gut es geht aus dem Weg. Mein Vater kam, und er war allein, ohne meine Mutter. Er hatte all seinen Mut zusammengenommen in diesem Moment, das spürte ich. Er lächelte sogar verschmitzt, doch er traute sich nicht, dicht heranzutreten.

»Komm mal näher ran, Papa«, munterte ich ihn auf.

Tatsächlich tat er noch ein paar Schritte nach vorn und besah sich Julius aufmerksam. »Ist der echt?«

Mir blieb fast die Sprache weg, ich musste wieder lachen. Mein Vater war so herzergreifend in diesem Moment, so nah an uns dran wie selten, so stark.

Suse hatte schon im Vorhinein gesagt, sie könne das nicht, Julius ansehen. »Ich sehe ihn wie den Tibor in klein«, hatte sie gemeint, »und ich will ihn genauso im Kopf behalten.«

Ich sagte ihr, dass das kein Problem sei, dass sie das für sich entscheiden müsse.

Und dann stand sie doch im Raum, zusammen mit ihrem Mann. Vorsichtig näherte sie sich dem Sarg, vorsichtig beugte sie sich vor, wie bei einem Neugeborenen, den sie nicht aufwecken wollte. Ich war dankbar, dass sie sich doch aufgemacht hatte.

Vielleicht war die Begegnung mit Julius für meinen Bruder Justus am schwersten. Justus nimmt alles immer direkt und ungefiltert auf und gibt es genauso weiter.

»Ist der echt?«, fragte auch er.

»Ja, er war in meinem Bauch.«

»Schläft er?«, fragte Justus.

Ich musste schlucken und kurz nachdenken. »Ja«, sagte ich, »aber er ist im Himmel, er wacht nicht mehr auf. Du bist jetzt sein Onkel Justus.«

»Warum wacht er nicht mehr auf?«, fragte Justus, sichtlich aufgeregt. »Das finde ich nicht gut. Da muss ich mit Gott drüber reden.« Er schüttelte den Kopf und trat nervös von einem Fuß auf den anderen. Ihm liefen die Tränen. Im Gegensatz zu allen anderen Trauernden konnte er nicht akzeptieren, dass Julius seine Augen nie würde öffnen können. Ich umarmte ihn lange.

Auch Opas Lebensgefährtin Heidi hatte eine natürliche und liebe Art. Sie schaute sich Julius ganz genau an und bemerkte die Ähnlichkeit, die er mit seinem Papa hatte.

Nun fehlte nur noch Susel, und schon hörte ich ihren behenden Schritt. »Wo ist denn der Julius?«, fragte sie.

»So ein kleiner süßer Fratz ist das!«, rief sie im nächsten Moment. »Er sieht dem Tibor so ähnlich!«

Nur Tibors Großvater kam nicht, was wir gut verstanden. Opa ist über neunzig, er hat genug Leid gesehen in seinem Leben und sich mehrfach entschuldigt. »Du brauchst dich nicht zu entschuldigen, Opa. Alles ist gut«, sagte Tibor, »du bist da, das ist das Wichtigste. Das ist eine sehr große Ehre für uns!«

Als alle Julius gesehen hatten, blieben Tibor und ich noch ein paar Minuten mit ihm allein, dann kam der schlimme Moment: Gemeinsam schlossen wir den Deckel zu seinem Sarg. Die anderen hatten sich schon unten versammelt, wir kamen nach. Tibor trug das bemalte Kistchen durch das enge Treppenhaus. Danach fasste ich mit an, und wir trugen Julius zusammen einen der schmalen Seitenwege des Friedhofes hinauf zum Garten der Sternenkinder. Alle anderen kamen hinter uns, nur Justus ging neben mir. Justus wollte möglichst nahe bei mir sein und auch möglichst nahe bei Julius. Von hinten hörte ich Schniefen und Schluchzen, nur Justus ging mit versteinerter Miene neben mir her. Alle trugen helle, freundliche Kleidung, wie wir das erbeten hatten. Mit im Zug kam noch der Totengräber. Er musste mitgehen, weil das Pflicht war, und er sollte auch dabei sein, falls wir es nicht schaffen würden, das Grab unseres Sohnes selbst zuzuschaufeln.

Wir weinten, dann redeten wir. Worüber, das weiß ich nicht mehr. Es war der schwerste Gang unseres Lebens. Unendlich lang schien sich die Allee hinzuziehen, obwohl das nur wenige hundert Meter waren, doch die wollten kein Ende nehmen.

Vor dem frisch ausgehobenen Loch setzten wir Julius ab. Es herrschte Schweigen, nur Vogelgezwitscher war zu hören und Schluchzen. Ich kramte einen Brief an Julius aus meiner Tasche, den Tibor und ich vorbereitet hatten. Ich begann zu lesen:

Geliebter Julius Felix, unser kleiner Klopfer,
zwei einfache blaue Streifen haben Dich angekündigt. Überwältigt von unserem Glück und übersprudelnd vor Freude haben wir getanzt. Unser Wunschkind – unser Baby war auf dem Weg. Mama hatte die ersten drei Monate ziemlich zu kämpfen, weil ihr immer so

schlecht war. Und da Erdbeeren ganz groß auf ihrem Speiseplan waren, haben wir Dich kurz entschlossen »Erdbeere« getauft. Nie vergessen wir den überwältigenden Anblick Deines schlagenden Herzens und wie Du Dich aus einem kleinen Zellhaufen zu einem Baby entwickelt hast.
In den sieben Monaten, die wir mit Dir verbringen durften, hast Du unser Leben komplett auf den Kopf gestellt und einen neuen Sinn gegeben. Du hast unser Herz weit weit geöffnet. Zwei Herzen warteten auf Dich, Dich zu – …

Mir versagte die Stimme. Tibor nahm mich in den Arm, griff nach dem Papier und las weiter:

Wir vermissen Dich. Wir vermissen Dein Klopfen und Hüpfen. Dein gespanntes Lauschen auf Papas und Mamas Stimme und die Streckübungen in Mamas Bauch. Wir vermissen es, Dein schlagendes Herz zu hören und zu sehen, wie Du am Daumen nuckelst. Jede Minute mit Dir ist wie ein Geschenk und eine unendliche Bereicherung unseres Lebens. Wir haben Dir bedingungslose Liebe geschenkt, und Du hast sie immerwährend erwidert. Du hast uns zu den glücklichsten Menschen gemacht durch Dein Dasein. Wir haben Dich vom ersten Moment an geliebt. Wir sind eine Familie durch Dich geworden. Du hast uns so viel gegeben. So viel geschenkt.
Wir sind so dankbar, dass Du uns die zwei kostbarsten Stunden unseres Lebens geschenkt hast mit Deiner Geburt. Dein kleines Herz hat geschlagen, eine Stunde zusammen mit Mamas Herz, eine Stunde zusammen mit Papas Herz.

Als nun Tibor nicht mehr konnte, las ich weiter. Wir hatten das nicht geprobt, es ergab sich so. Mittlerweile hockten wir eng umschlungen vor dem Kästchen mit unserem Sohn. Wir ließen unseren Tränen freien Lauf. Ich las:

Julius, Du hast für uns die Zeit angehalten und uns zwei Stunden Ewigkeit geschenkt. Dein Schöpfer hat Dich auf die Reise geschickt, damit wir drei für zwei kostbare Stunden eins sein konnten.
Nun ist da eine gähnende Leere, ein tiefes Loch, da, wo Du warst. Wir sind so untröstlich traurig. Wir vermissen Dich so sehr. Wir wollten zusammen Weihnachten feiern, wollten Deine kleinen Hände und Füße zusammen im kuscheligen Bett bestaunen, wollten Dich durch die Nacht tragen, wenn der Schlaf nicht kommen will.
All diese und unzählige Träume mehr müssen wir nun mit Dir zu Grabe tragen.
Kleiner Klopfer, Du fehlst uns so sehr. Wir haben keinen Bauch mehr zum Einölen, keinen kleinen Po, der sich Mamas und Papas warmen Händen entgegenstreckt und gepomiezelt werden will. Unsere Hände sind leer, unsere Herzen sind unendlich traurig. Der Schmerz ist so unsagbar groß und im gleichen Moment ist die Glückseligkeit, die Du uns gegeben hast, für immer in unsere Herzen gebrannt. Diese Monate mit Dir waren die erfüllendsten, schönsten Monate im Leben Deines Papas und Deiner Mama.
Wir können nicht begreifen, warum wir Dich hergeben mussten. Du bist unser geliebter Julius, unser Großer, unser Erstgeborener. Wir sind so stolz auf Dich. Du bist so wunderschön. So perfekt. So glücklich. Und wir sind es mit Dir. Wir wissen nicht, wie unser Leben ohne Dich weitergehen soll. Wir wissen nicht, wie wir

eine weitere Nacht durchstehen sollen. Alles ist so sinnlos, so weit weg.
Wir wissen, dass es Dir gutgeht. Wir hatten alle drei miteinander ausgemacht, dass Du allein am besten weißt, wann es Zeit ist. Trotzdem kam der Moment mit solcher Wucht. Trotzdem stehen wir jetzt allein zu zweit da. Kein Julius mehr, mit dem wir unser Leben teilen können. Die Monate in Mamas Bauch waren so erfüllt. So voller Liebe, Andächtigkeit, ehrfürchtigem Staunen stehen wir vor unserem Schöpfer und bewundern, welches Geschenk er uns durch Dich gegeben hat.
Wir sind nur der Ton, nicht der Töpfer.
Wir wissen nicht, warum wir Dich nicht aufwachsen sehen dürfen.
Wir lieben Dich, Julius Felix. Wir werden Dich wiedersehen, das wissen wir. Und es wird eine Ewigkeit sein, die wir Dich dann im Arm halten werden.
Versprochen.

Dein Papa und Deine Mama.

Hier waren nur mehr Tränen, so dass ich kaum mehr die Buchstaben sehen konnte.

Nachdem wir uns wieder halbwegs gesammelt hatten, lasen wir zusammen noch einmal Psalm 139 vor, wie wir das schon bei Julius' Einbettung gemacht hatten, und dann blieb uns nichts, als den Sarg an den blauen Bändern in das Erdloch hinabzulassen. In diesen Momenten war nichts in mir außer Schmerz und einer Verwunderung, wie tief dieses schwarze Loch war, in das unser Sohn hineinmusste.

Wir traten zur Seite, nun konnte jeder an das Grab herantreten. Alle hatten, wie von uns erwünscht, bunte Blumensträuße mitgebracht und Sonnenblumen. Manch einer legte etwas mit ins Grab, einen Brief an Julius, eine andere Kleinigkeit, die ihm oder ihr am Herzen lag.

Tibors Schwester Dascha hatte wundervolle Zeilen an ihren kleinen Neffen geschrieben, wovon sie uns eine Kopie gab. Wir waren so dankbar und überwältigt, wie unser kleiner Klopfer die Herzen berührte:

– Jeder der mir begegnet, ist ein Teil von mir –

Lieber Julius Felix,
danke, dass ich Dir begegnen durfte.
Wenn unser Zusammentreffen auch viel zu kurz war und Du Dich viel zu schnell verabschiedet hast, bevor wir uns besser kennenlernen konnten. Aber Deine Eltern haben mir viel von Dir erzählt, wie Du Dich mit ihnen gefreut hast, was Du mit ihnen erlebt hast, wo Du mit ihnen überall gewesen bist und wie Du Dich hast eincremen lassen! Deine Eltern haben mir so viele schöne Erinnerungen an Dich geschenkt und mir so wunderschöne Fotos von Dir gezeigt – so konnte ich Dich doch ein wenig besser kennenlernen und ein bisschen an Deinem Leben teilnehmen.
Ich habe Dir zwei Fotos von mir mitgegeben, damit Du siehst, wie ich aussehe. Molly ist auch mit auf dem Foto!
Ich werde Dich immer an meinem Leben teilnehmen lassen, so dass Du mich auch noch ein wenig kennenlernen kannst.
Das würde mich sehr glücklich machen.
Danke, Julius Felix, dass ich Dir begegnen durfte.
Du bist jetzt ein Teil von mir. Ich habe Dich für immer in mein Herz geschlossen.

Ich umarme Dich, Deine Tante Dascha.

Danach begannen die dunkelsten Minuten unseres Lebens, als wir anfingen, den Erdhaufen neben dem Grab in das Loch zu schaufeln. »Machen Sie das ganz sachte«, hatte die Bestatterin noch gesagt, bei unserem ersten Treffen, »das muss man sehr vorsichtig machen, damit nicht dieses hässliche Geräusch kommt, wenn die Erde auf den Sarg trifft …« Doch dieses Geräusch kam trotzdem, und es war sehr hässlich. Es ließ eine gewaltige Wut in mir hochsteigen, eine Wut auf das Leben, den Tod, den Gott, an den ich glaubte. »Das ist so surreal«, dachte ich, »das kann doch nicht wahr sein, dass ich hier mein Kind vergrabe. Unser Wunschkind. Unseren geliebten ersten Sohn.«

Es erschien mir wie eine Ewigkeit. Mir wurden die Arme schwer, aber Tibor und ich hatten uns gesagt, dass wir spontan entscheiden wollten, ob wir tatsächlich alles selbst machen würden. Und diese Tortur gehörte dazu. Wir wollten es selbst machen.

Ich begann zu murmeln:

»Erde zu Erde …«

Es dauerte über fünfzehn Minuten, bis alle Erde auf dem kleinen bunten Kästchen ruhte. In dieser Zeit starb jeder der Anwesenden ein Stück mit ihm, doch alle hatten den Mut und die Kraft, es gemeinsam mit uns auszuhalten. Wir waren so dankbar, dass sie da waren. Mit uns weinten. Die letzte Erde trugen wir mit den bloßen Händen auf das Grab, dann klopften wir das Erdreich zu einer halbwegs ebenen Fläche. Darauf kamen all die Blumen, die unsere Gäste mitgebracht hatten. Ein Blumenmeer, viele Sonnenblumen, ein Windrad. Selbst das Wetter passte, es war grau und stürmisch, auch der Himmel schien trist und wütend.

Puzzleteil

Langsam sammelten sich alle Trauergäste im oberen Stock des Cafés. Wir aßen Suppe, es gab hausgemachten Kuchen. Wir alle waren todtraurig, jeder saß wortlos da und hing seinen Gedanken nach. Irgendwann wurde das Schweigen gebrochen, und die Atmosphäre lockerte sich auf. Natürlich sprachen wir in den nächsten paar Stunden vor allem über Julius. Wir erzählten davon, was wir so gerne mit ihm zusammen gemacht hatten, wir berichteten unseren Gästen von unseren gemeinsamen Ausflügen. Wir sprachen über das Positive, das Schöne, das wir mit Julius hatten erleben dürfen. Wir erzählten allen, dass der Kleine ein gutes Leben gehabt und kein Leid gekannt hatte. Sie staunten über die Geschichten vom Riesenradfahren, von der Dampferfahrt auf der Spree und darüber, wie ich so oft zur Musik von Xavier Naidoo oder Keimzeit mit Julius im Bauch getanzt hatte. Sie staunten, weil sie wohl gedacht hatten, wir wären die Zeit mit Julius immer in Trauer gewesen – doch das war nicht so: Diese Zeit war nicht nur die emotionalste und – ja klar, traurigste Zeit unseres Lebens, es war auch die erfüllteste, glücklichste Zeit für unsere kleine Familie gewesen.

Nach einer guten Weile mussten die ersten aufbrechen, da sie lange Autofahrten vor sich hatten. Auch wir waren ausgelaugt und wollten zurück in unsere eigenen vier Wände. Ich fror im Taxi vom Friedhof nach Hause, und dann kam im Autoradio auch noch Herbert Grönemeyer, ausgerechnet mit seinem Song »Halt mich«:

Halt mich – nur ein bisschen
Bis ich schlafen kann
Fühl' mich bei Dir geborgen
Setz' mein Herz auf Dich
Will jeden Moment genießen
Dauer ewiglich …

Als ich die mir so gut bekannten Zeilen über Liebe und Frieden und vor allem über diesen Wunsch nach Dauer hörte, brach meine in den letzten Stunden sorgfältig geordnete Fassade in sich zusammen, ich musste mein Gesicht auf der Stelle vergraben, dem Schluchzen in Tibors Umarmung seinen Weg lassen.

»Machen Sie bitte das Radio aus! Machen Sie das Radio aus!«

Tibor äußerte seine Bitte sehr bestimmt, und der überraschte Taxifahrer reagierte sofort, immerhin wusste er, dass wir von einem Friedhof kamen. Es sollte noch den ganzen Weg bis Neukölln dauern, bis ich mich wieder halbwegs im Griff hatte.

Nun waren wir zwar wieder zu Hause, somit war aber auch alle Ablenkung, alle Aufmunterung mit einem Schlag wie weggeblasen. Wir kamen hoch in unsere Wohnung und standen buchstäblich mit leeren Händen da: Nun hatte ich nicht nur kein Kind im Bauch, jetzt hatten wir nicht einmal mehr sein Bettchen oder seine Decke, und wir hatten keine Aussicht darauf, ihn noch einmal zu sehen.

Irgendwie schaffte ich es ins Bett, ich wollte nichts mehr hören und sehen. Das war der widerlichste Tag in meinem Leben gewesen. Nur der Tag der Diagnose war ähnlich katastrophal, doch der Tag der Beerdigung war letztlich noch schlimmer: An dem war klar, dass es tatsächlich keine Hoffnung mehr gab für Julius, für uns – zumindest nicht in dieser Welt.

Uns blieb nichts als Erinnerungen, Fotos und ein Geschenk: ein weißgrüner Herrnhuter Stern als Lampe, den Susel mitgebracht hatte und den Tibor gleich im Schlafzimmer befestigte, für das Sternenkind, das wir nun hatten.

Tibor ließ sich für drei Wochen krankschreiben. Ich hätte nicht gewusst, was ich ohne ihn in diesen ersten Wochen getan hätte. In dieser Zeit fuhren wir jeden Tag zum Friedhof. Für uns war das der einzige Grund, die Wohnung zu verlassen – außer, wenn wir etwas zu essen brauchten. Es wurde wieder warm und sonnig, wir nahmen eine Decke mit und ließen uns vor dem Grab nieder. Wir lasen Julius Geschichten aus einem Kinderbuch von Janosch vor, die mit dem kleinen Tiger und dem Bär. Wir pusteten für ihn Seifenblasen in die Luft, wir bliesen ihm Luftballons auf, wir legten frische Blumen auf dem Grab nieder. Wir saßen im Friedhofscafé und ließen uns die Sonne ins Gesicht scheinen, mitten zwischen den anderen Friedhofsbesuchern und den Touristen, die sich die alten Grabsteine ansehen wollten und die Gräber der berühmten Toten, die es hier gab, von den Gebrüdern Grimm über jede Menge preußischer Minister und Freiherrn bis hin zu Rio Reiser. Tibor saß vor seinem Stück Schokokuchen, ich vor meinem Schwarztee. Wir sahen müde aus, abgekämpft, traurig, hatten tiefe Augenringe, aber hier fand das niemand unpassend, hier fragte uns niemand, hier wurden wir in Ruhe gelassen. Das waren angenehme Momente während dieser drei Wochen.

Natascha und Nicole, die guten Seelen des Cafés, halfen uns besonders. Sie hatten über all die Jahre so viele Papas und Mamas kennengelernt, die ihre Babys hatten beerdigen müssen. »Ach, Mädel, du siehst heute nicht gut aus«, sagte Natascha zu mir.

»Hm«, sagte ich nur, wissend, dass ich mich nicht erklären oder verstellen musste.

»Du wirst sehen, mit der Zeit wirst du das alles wie ein Puzzleteil in dein Leben einfügen. Das Leid und den Verlust«, sagte sie nur, »in das Bild deines Lebens.«

Das war eine Metapher, die ich verstehen konnte: ein Bild in einem Puzzle. Wenn ich nur gewusst hätte, wo ich das einfügen sollte!?

So gern wäre ich wieder gelaufen, wie vor der Schwangerschaft. Das Joggen war immer schon mein Ausgleich, dabei konnte ich mich bei allen Schwierigkeiten mental am besten sortieren und neu aufstellen. Doch noch durfte ich nicht laufen, die Erschütterungen wären nicht gut gewesen so kurz nach der Geburt. So wich ich auf Inlineskating aus, auch eine Sportart, die ich seit Jahren liebe: Schon eine Woche nach der Beerdigung saß ich im Bus zum ehemaligen Tempelhofer Flughafen, um meine Runden auf dem alten Rollfeld zu drehen. Zuerst eine Runde, sechs Kilometer auf dem Asphaltband rund um die unendlich wirkende Grassteppe mitten im Berliner Häusermeer. Am nächsten Tag schon zwei, beim nächsten Mal drei Runden. Das Inlineskaten war meine Erlösung. Bald war ich fast jeden Tag da, schnallte mir meine Schuhe an und spurtete los, mit Tränen in den Augen, wenn mich während der Fahrt eine Welle der Trauer überkam, die aber genauso sicher, wie sie gekommen war, auch wieder wegging im rauschenden Fahrtwind unter der sengenden, schweißtreibenden Berliner Sommersonne.

Nach einigen Tagen waren wir so weit, wieder mit unserem engsten Familien- und Freundeskreis zu kommunizieren. Wir hatten uns belesen und wussten aus eigener Erfahrung, wie unbeholfen und ängstlich Außenstehende versuchten, mit unserer Situation umzugehen. Dem wollten wir entgegenwirken. Also schrieben wir:

Ihr Lieben,
heute vor zwei Wochen haben Tibor und ich gemeinsam mit Julius Felix unsere Dreisamkeit genossen.
Heute vor einer Woche haben wir schweren Herzens »Bis bald, kleiner Klopfer« sagen müssen – nicht »Lebewohl«, nur »Bis bald!«.
Wir haben unseren Wonneproppen nicht verloren – er ist uns nur vorausgegangen.
Habt Dank für alle lieben Worte, alle Karten (soooo schön bunt!!!).
Heute waren wir wieder – wie jeden Tag seit letztem Dienstag – bei Julius im Garten der Sternenkinder – und uns war heute nach Geburtstagfeiern zusammen mit unserem geliebten Sohnemann. Wir haben Seifenblasen gepustet, haben Luftballons aufgehängt und die Janosch-Geschichte vorgelesen, wo der kleine Tiger mal Geburtstag feiern wollte.
Wir haben Momente, die uns fast »normal« erscheinen – wenn die Seele mal eine Pause braucht. Und wir haben Zeiten, in denen wir verstummt und dumpf vor uns hin leben – die meiste Zeit.
Wir haben Euch im Folgenden ein paar Dinge zusammengefasst, die wir in der nächsten Zeit brauchen / uns wünschen:
Wir brauchen Euch. Wir mussten unseren geliebten ersten Sohn begraben – wir funktionieren zwar, aber vom »Leben« sind wir weit entfernt.
Ihr könnt uns nicht die Trauer nehmen, sie dauert das ganze Leben lang an. Diese Trauer verändert gerade alle unsere Werte: Vertrauen, Glaube, Hoffnung, Lebenswille. Wir trauern bewusst – dies ist kein zusätzlicher Schmerz, sondern notwendig für unsere Trauerbewältigung.
Bitte steht uns bei. Nur durch Eure liebevolle, ver-

ständnisvolle und behutsame Unterstützung werden wir neuen Halt im Leben finden. Es wird eine Weile brauchen, bis wir einen lebbaren Weg gefunden haben, um wieder zu Freunden, Bekannten und positivem Erleben zu finden.
Versucht Euch nicht vorzustellen, wie es ist, ein Kind zu verlieren. Ihr könnt das nicht »verstehen«. Das erwarten wir auch nicht. Akzeptiert bitte das veränderte Verhalten von uns. Sprecht uns bitte nie mit Floskeln auf Julius an (»Ihr seid ja noch jung«, »Ihr könnt ja noch Kinder kriegen« oder »Das Leben geht weiter«). Das macht uns wütend, traurig, tut uns weh.
Was viel, viel besser ist – redet mit uns über Julius! Sprecht seinen wunderschönen Namen aus, sprecht uns auf ihn an, fragt uns alles Mögliche im Zusammenhang mit Julius. Lasst uns wissen, dass Ihr auch im Alltag zwischendurch an ihn denkt. Es gibt für uns nichts Schöneres und Heilsameres, als von / über Julius zu reden. Zu schwärmen ☺
Habt bitte keine Angst davor, dass wir in Tränen ausbrechen, wenn wir / Ihr über Julius reden – Tränen sind Bestandteil der Trauer. Die Tränen müssen geweint werden. Teilt mit uns die Trauer. Lasst uns weinen. Das tut uns gut. Ihr helft uns dadurch (auch wenn Ihr Euch in dem Moment total hilflos fühlt – das seid Ihr nicht!).
Hier noch ein paar konkrete »Tipps«, die uns zeigen: »Euer Julius wird von uns nicht vergessen«:
Wenn Ihr könnt, besucht Julius mal im Garten der Sternenkinder (allein oder mit uns). Das macht uns froh. Wir sind so stolz, sein Papa, seine Mama zu sein.
Meldet Euch, z. B. per Telefon. Oder schreibt eine Postkarte, einen Brief. Es bedeutet uns so viel, von Euch die Worte zu hören / zu lesen: »Wir sind heute in

Gedanken bei Euch und Julius. Wir haben heute an Julius gedacht.« Nicht nur in den nächsten Tagen – auch noch in vier Wochen, zwei Monaten, drei Jahren. Das macht uns glücklich. Das macht Julius für uns noch größer, noch lebendiger. Das Schlimmste für uns ist, das ganze Thema zu verschweigen, so zu tun, als wäre Julius nicht da – er ist für immer in unseren Herzen und ist unser geliebter erster Sohn.

Ganz liebe Grüße, Eure drei Bohgs.

Langsam versuchten wir, ein klein bisschen Alltag zu schaffen, unseren neuen Lebensabschnitt anzugehen: Wir bastelten eine Karte aus dem Foto von uns drei Bohgs und liefen damit und mit ein paar Sonnenblumen, Schokoladetafeln und Weinflaschen die Runde der Menschen ab, die uns im Krankenhaus geholfen hatten – wir gingen zu den Schwestern, Hebammen und Ärzten.

Die diensthabende Schwester auf der gynäkologischen Station, die wir noch nie zuvor gesehen hatten, fragte uns: »Na, Sie sind doch die Eltern vom kleinen Julius, oder?«

»Woher wissen Sie denn das?«, entgegnete ich neugierig.

»Nun ja«, sagte die freundlich lächelnd, »Sie sind hier Gesprächsthema. Alle sind tief berührt von Ihrer außergewöhnlichen Geschichte …«

Mir liefen die Tränen, ich ließ sie laufen. Ich war so stolz auf meinen Sohn.

Tibor ging wieder zurück ins Büro. Mittags trafen wir uns fast jeden Tag. Wir spazierten dann in seiner Pause zum Ludwigkirchplatz, wie wir das auch schon während der Schwangerschaft immer wieder gemacht hatten, und setzten uns auf die Bank direkt neben dem Kinderspielplatz. Es tat uns gut, zusammen zu sein, in der Sonne zu sitzen und das Kinderlachen zu hören.

Der Sommer verlor seine Kraft, entfaltete aber noch einmal seine ganze Schönheit. Wir bewunderten das berühmte Dahlienfeuer im Britzer Garten, verloren uns in der Pracht der abertausend Blüten, bis uns eine Familie mit vier Kindern entgegenkam. Tibor und ich dachten uns in diesem Moment haargenau dasselbe, einer von uns beiden sprach es aus: »Wenn wir einmal mit unseren drei Kindern hier gehen und so einer Familie begegnen werden – dann wird uns das immer noch weh tun, weil Julius fehlt. Weil wir eigentlich mit vier Kindern gehen sollten.«

Kathrin, Lillys Sternenmama, die uns schon den Tipp mit dem Kennenlernen im Café gegeben hatte, gab mir den wertvollen Rat, mich doch für eine Mutterkur zu bewerben, denn die stehe mir zu. Ich behielt den Gedanken im Hinterkopf – doch zu diesem Zeitpunkt wollte ich keinen Tag, schon gar nicht drei ganze Wochen lang weg von Tibor, weg von Berlin, weg vom Grab meines Sohnes. Ich fragte Kathrin noch, wo genau sie gewesen war – und konnte nicht anders als loslachen, als sie sagte: »Oberstdorf, Allgäu …«

Ich traute meinen Ohren nicht – genau an dem Ort, an dem Tibor und ich 2006 drei wundervolle Flitterwochen verbracht hatten. Diese beeindruckende Berglandschaft, der klare Freibergsee, die weiten Wiesen, die glücklichen Kühe – Tibor und ich hatten schon oft davon gesprochen, wieder einmal ins Allgäu zu fahren. Sollte jetzt der Zeitpunkt gekommen sein?

Da ich mir bereits denken konnte, dass der Antrag einige Zeit dauern würde, bereitete ich nach einigem Zögern tatsächlich die Papiere vor. Das war mühsam für mich, eine echte Herausforderung, denn ich musste dazu mit vielen fremden Menschen reden, musste in ein Büro des Müttergenesungswerkes gehen – obwohl ich noch sehr kontaktscheu war und mit niemand fremdem reden wollte.

Damals dachte ich, dass ich langsam wieder die Kraft dazu hätte, Tagebuch zu schreiben – aber dem war noch nicht so:

29. September 2011

Julius ist im Himmel. Am 23. August war es so weit. Ich habe es seit langem vor mir her geschoben, hier wieder etwas zu schreiben. Alle unsere Erinnerungen, alle Tränen, alle Trauer werden im Juliusbuch niedergeschrieben. Damit fange ich an, nächste Woche oder so. Heute sind 23 Grad, strahlender Sonnenschein – es soll die ganzen Tage so bleiben.

Ich bin im Café finovo, Tibor kommt mit dem Rad direkt von der Arbeit aus her. Bastian war schon da, als ich um 4 kam – so eine Gebetserhörung. Allein hätte ich sicher wieder einen Absturz gekriegt.

Ich hab mich wohl verausgabt im Wochenbett – 5,5 Wochen sind es nun. Hier rein will ich grad nichts davon schreiben. Nur ins Juliusbuch.

Das »Juliusbuch«, wie ich es nannte, war ein Notizbuch und ein Fotoalbum zugleich, in dem ich sowohl alle Fotos als auch meine Gedanken sammeln und für unsere Familie und für später einmal festhalten wollte.

Erst im Oktober konnte ich wieder richtig Tagebuch schreiben. Es waren die kleinen Dinge, über die ich täglich berichtete:

8. 10. 2011

Das Skaten habe ich dieses Jahr wohl zum Maximum ausgereizt – ab morgen soll es jeden Tag regnen …

Endlich bestätigte die Nachuntersuchung sechs Wochen nach der Geburt, dass ich wieder joggen durfte! Meine Erlösung! Hatte ich doch wenige Tage zuvor so plastisch davon geträumt, dass ich einen Halbmarathon unter zwei Stunden lief. Als ich morgens aufwachte, war es mir, als hätte Julius zu seiner Mama gesprochen, ich solle mich nicht aufgeben, nicht hängenlassen. Mir stattdessen ein Ziel vor Augen setzen.

Ich brauchte das fast tägliche Laufen, um gegen die bösen Gedanken anzukämpfen. Gegen den Gedanken, ich wäre ein Versager, weil ich es nicht geschafft hatte, meinem Mann ein gesundes Kind zu schenken. Gegen den Gedanken, ich wäre ein Angsthase, wenn ich mich nicht gleich Hals über Kopf in einen neuen Job stürzte.

Ich horchte in mich hinein, ob ich wieder arbeiten wollte – doch das wäre mir wie eine Flucht vorgekommen. Außerdem wurde mir rasch klar, dass ich es nicht mal durch ein Vorstellungsgespräch geschafft hätte, ohne einfach loszuheulen. Zum Jahr 2011 trug ich in meinen offiziellen Lebenslauf nur *Sabbatical* ein, Auszeit. Ein Kind geboren und begraben – das geht in diesem Zusammenhang niemanden etwas an, fand ich.

Viele rieten mir, nur nicht zu Hause zu sitzen und depressiv zu werden – aber ich ließ mich nicht beirren. Ich weinte zwar viel, aber ich war nicht depressiv, sondern ich leistete Trauerarbeit. Seit der Geburt, der Beerdigung waren nicht mal acht Wochen vergangen – was wollten die von mir? Sollte ich funktionieren wie ein Roboter? Ich las über die verschiedenen Phasen der Trauer, las von den typischen, so schmerzhaften Bemerkungen der Außenstehenden, die einen lieber schnell wieder als »normal« und »wie früher« sehen wollen, weil sie selbst diesen Schmerz nicht aushalten wollen oder können. Begriffen sie denn nicht, dass es nie wieder ein »normal« oder »wie früher« geben würde in unserer Familie? Ich empfand es als eine für mich verhängnisvolle westliche Mentalität, dass über solche persönlichen Schicksalsschläge, wie wir sie einstecken mussten, Verzweiflung da ist, die nicht sein darf – das wollte ich nicht einsehen. Ich wusste, dass ich durch diese Verzweiflung durchmusste, sonst würde ich nie wieder Licht sehen. Oft musste ich an einen Spruch denken aus einem Kinderreim, wie ich ihn in den USA als Au-pair kennengelernt hatte:

> *You can't go over it, you can't go under it – I guess, you have to go through it (du kommst nicht drüber hinweg, du kommst nicht drunter durch – ich glaube, du musst mitten hindurch gehen).*

Mein Antrag auf die Mutterkur wurde im ersten Anlauf abgelehnt – es gebe keine medizinische Indikation, hieß es in der Begründung des MdK, des »Medizinischen Dienstes der Krankenversicherung«. Die Frau von der Krankenkasse rief mich an, weil sie nicht wollte, dass ich es per Brief so nüchtern erfahren würde. Sie war selbst nicht einverstanden mit der Entscheidung. Sie war so rührend, mitleidend. Ich erzählte ihr kurz meine Geschichte, und schon bald schluchzte sie mit mir zusammen und versprach, sich noch einmal darum zu kümmern und mit ihrer Chefin zu reden. Dann musste sie auflegen, weil sie nicht mehr weitersprechen konnte wegen der Tränen. Sie hatte selbst zwei kleine Kinder. Ich beschloss, Berufung gegen den Bescheid einzulegen, und ließ mir von unserer Psychologin ein Gutachten über meinen psychischen Zustand schreiben.

Ende Oktober kam ich ans Grab, um Erdbeeren zu pflanzen, für das nächste Frühjahr, für unsere Erdbeere. Ich hatte zum Glück im Internet eine Gärtnerei gefunden, die mir so spät im Jahr noch Erdbeerpflanzen hatte besorgen können. Bei schönstem Herbstwetter saß ich eine Stunde am Grab und heulte mir die Seele aus dem Leib wie schon lange nicht – das offizielle Friedhofsschild mit dem Namen meines Sohnes steckte in der Erde. Seinen Namen in dem Grab stecken zu sehen, die Buchstaben, die mich förmlich anschrien – es war unerträglich. Nach diesem Ausflug kam ich so erschöpft wie schon lange nicht nach Hause. Auch daran merkte ich, dass ich nichts mehr brauchte als Ruhe, Erholung, einen Ortswechsel.

Schon ein freundliches Wort an der Wursttheke im Supermarkt trieb mir die Tränen in die Augen, ein schiefer Blick, eine glückliche Mutter, die mir mit ihren Kindern auf dem Bürgersteig entgegenkam, ließen Wut und Verzweiflung aufwallen. Ich hatte Karten zu einem Konzert von Xavier Naidoo für meine Schwester und mich, die ich noch vor der Schwangerschaft gekauft hatte – es sollte ein Highlight in diesem trüben November werden, doch ich musste mein Ticket weggeben. Ich wusste, es wäre nicht klug, mit 20000 Menschen in der O_2-Arena. So ging meine Schwester mit einer Freundin statt mit mir zu dem Konzert, und Tibor und ich saßen an diesem Abend, der zu allem Überfluss auch noch ein Montag war, zu Hause, auf der Couch mit einer Flasche Wein. Xavier Naidoo lief im Hintergrund, und wir heulten uns die Augen aus dem Kopf.

Anfang November kam die Zusage für die Kur. Das bedeutete ein tiefes Aufatmen für mich: für drei Wochen fort aus dem Trubel der Hauptstadt! Tibor würde mir zum Ende der Kur nachreisen, und wir würden noch drei Wochen dranhängen, als Winterurlaub. Vorher musste ich nur noch eine Hürde bewältigen – den 18. November, den errechneten Geburtstermin von Julius. Ich hatte eine Höllenangst vor diesem Datum, doch es wurde weniger schlimm, als ich dachte: Ich war ein bisschen abgelenkt, weil ich meinem Bruder bei der Recherche zu seiner Diplomarbeit half, und so verging der Tag. Ich begann mir seit diesem

Tag ohnehin zu sagen, dass ein Datum nur eine Zahl sei – auch in Vorbereitung auf Daten wie den 24.12. oder den 31.12.

Als ich wieder etwas Boden unter den Füßen hatte, schrieb ich den entscheidenden Satz in mein Tagebuch:

Zur Ruhe komme ich nur, wenn ich es akzeptiere.

Damals begann diejenige Trauerphase, in der Trauernde versuchen, die Realität zu begreifen. Anfangs war der Schmerz noch zu bestialisch, anfangs stand alles in uns Kopf, begreifen war nicht denkbar. Wir hatten kein Vertrauen, in nichts. Alles war in Frage gestellt, im Guten wie im Bösen, alles war erschüttert, auch unser Gottesbild. Bis dahin hatten wir gedacht, so eine Erschütterung passiert immer nur den anderen, doch nun mussten wir den Gedanken akzeptieren, dass es auch uns passiert war. Dass uns von nun an alles passieren konnte, weil es keine Sicherheiten mehr gab für uns, nirgendwo. Dass es sie noch nie gegeben hatte, wir das aber noch nicht realisiert hatten.

Hinter den Bergen

Für meine Kur bekam ich meinen Wunschort zugeteilt, Oberstdorf im Allgäu. Noch im ICE nach Süddeutschland zweifelte ich daran, ob das möglich wäre – ohne Tibor, in fremder Umgebung, ohne die schützende Atmosphäre unserer Wohnung. Drei Wochen sollte ich bleiben, dann würde Tibor nachkommen und wir dort in einer Ferienwohnung zusammen Weihnachten verbringen. »Feiern« wäre das falsche Wort gewesen – das war mit Julius geplant, das war unser Traum geblieben: Erstmals in unserem Leben zu dritt unterm Baum zu sitzen, wie eine richtige Familie. Alles hatten wir auf diesen Traum ausgerichtet, und da der nun geplatzt war, sollte es auch keine Feier geben. Wir wollten einfach diesen Abend wie jeden anderen auch verbringen, ohne Baum, ohne Geschenke, nur mit unseren Erinnerungen und unserer Wehmut. Weihnachten, das hatten wir auch unseren Familien gesagt, würde für uns dieses Jahr ausfallen.

Ich ließ das herbstliche Deutschland an mir vorbeiziehen und meinen Gedanken freien Lauf.

Immer wieder musste ich an meine letzte Auszeit denken, an meine Burnout-Therapie, die gerade mal ein Jahr zurücklag, was ich kaum fassen konnte: Wie eine Ewigkeit kam es mir vor, dass sich mein ganzes Denken damals fast Tag und Nacht um Einkaufspreise, Lieferzeiten, Rabattsätze und Kundenzufriedenheit gedreht hatte, immer schneller und schneller, bis es mich in einem gewaltigen Strudel zu Boden riss.

Doch wenn ich es damals hinbekommen hatte, mich in der Therapie völlig neu zu ordnen, damals sogar mit Tibor auf einem anderen Kontinent, dann würde ich es diesmal vielleicht auch schaffen!

Tatsächlich setzte die Wirkung schon bei der Ankunft in Oberstdorf ein. Mir wurde gleich zu Beginn gesagt, ich müsse hier kein bestimmtes Programm absolvieren, sondern vielmehr gesund werden. Für mich war es schon heilsam, weg von der Stadt zu sein, in der ich mich die letzten Monate im Kreis gedreht hatte. Für mich war es heilsam, viel zu wandern, zu joggen und einfach, so viel es ging, draußen an der frischen Luft, in der Natur zu sein. Doch auch das Programm tat mir gut. Massagen, Bäder und eine psychologische Betreuung durch eine Traumatherapeutin. In den Sitzungen mit ihr holten mich die letzten Wochen wieder ein, allerdings auf eine heilende Art und Weise. Zu allem Überfluss an Gutem wurde ich am ersten Abend zwei jungen Frauen vorgestellt, und ich dachte, mich trifft der Schlag: Sie waren beide ebenso wie ich Sternenmamas, hatten beide ihren kleinen Sohn in diesem Sommer begraben müssen und kamen beide aus Berlin. Wir standen verblüfft voreinander, bevor wir uns kurzerhand in die Arme fielen und hemmungslos weinten. Was für eine Fügung – die typische Teilnehmerin einer Mutterkur ist nicht die verwaiste Mutter, sondern die mit Kindern und Alltag, von dem sie eine Pause braucht. Für mich war das ein weiteres Wunder auf meiner Julius-Reise.

Der besonderen Konstellation von gleich drei Sternenmüttern war es geschuldet, dass wir eine eigene Trauergruppe bekamen, einen geschützten Raum, in dem wir drei zusammen mit einer sehr behutsamen und einfühlsamen Trauerbegleiterin redeten, weinten, verarbeiteten. In einer Sitzung liefen wir einen »Trauerpfad« ab, entlang einer Acht, die auf den Boden gemalt war. Wir sollten die Wörter als Geste nachstellen, die an einzelnen Stationen auf Zettel geschrieben waren. Ich stand bei dem Wort »verzweifelt«

und wusste erst nicht, was ich tun sollte. Dann kniete ich mich intuitiv nieder wie vor dem Grab von Julius und weinte einfach los, ohne das vorher überlegt zu haben. Die Therapeutin war in meiner Nähe, ließ mir aber den Freiraum, den ich in diesem Moment brauchte. Als ich mich ausgeweint hatte, legte sie ihren Arm um mich und fragte: »Was fühlen Sie jetzt?«

»Angst«, sagte ich.

»Und was sagt die Angst?«, fragte sie mich.

»Dass bei der nächsten Schwangerschaft wieder etwas Schlimmes passiert.«

»Und was sagen Sie der Angst?«

Ich musste kurz überlegen: »Wir machen das trotzdem. Wir lassen uns nicht einschüchtern von der Angst. Wir werden trotzdem wieder schwanger.«

»Welche Geste kommt dazu in Ihnen hoch?«

Ich stellte mich hin und hielt meine Arme vor meinen Körper, die Hände zu Fäusten geballt. Ich wollte kämpfen. Wollte der Angst ins Gesicht boxen.

Das war für mich ein Schlüsselmoment. Das Thema Folgeschwangerschaft nach einer so traumatischen Erfahrung ist in vielen Studien betrachtet worden – das Kind nach dem verstorbenen Kind. Darüber unterhielten wir uns im Allgäu, auch über die zukünftigen Geschwister von Julius, und über Tibors und meine Angst davor. Doch wie hatte mir eine amerikanische Freundin gesagt, als ich sie gefragt hatte, was ich denn tun sollte, wenn meine Angst nicht wegginge? »Then do it afraid!« – »Dann tue es halt ängstlich!«

Durch die Therapie wurden auch die schlimmen Abende jeden Montag immer schwächer, nicht zuletzt auch durch die Klopfakupressur mit der Psychologin des Hauses und deren Hinweis, dass diese regelmäßig wiederkehrenden Zusammenbrüche physische Ursachen hätten: Der Körper speichert solche schmerzhaften Einschnitte, um sie dann in wiederkehrendem Rhythmus zu reproduzieren.

An den langen Abenden las ich viel über Trauer und Verlust. Besonders ansprechend war für mich das Buch »An der Hoffnung festhalten« der Amerikanerin Nancy Guthrie. Nancy selbst hatte zwei ihrer drei Kinder trotz infauster Diagnose ausgetragen und beerdigt. Für mich war das eine aufbauende, wenn auch erschütternde Lektüre, in der die Autorin viel über ihre eigene Trauer geschrieben hatte, und auch über den Umgang als Trauernde mit anderen Menschen. Überhaupt war in der Zeit nach Julius' Beerdigung alles über Trauer und verwaiste Eltern meine einzige Lektüre, neben der Bibel. Meinen Lieblingssatz in ihrem Buch musste ich sofort unterstreichen, weil er auch auf mich zutraf:

> *Nicht, was die Menschen gesagt haben, hat uns den größten Schmerz bereitet, sondern, was sie nicht gesagt haben.*

Sehr gut half mir auch das Buch »Wenn Mütter trauern« von Ursula Goldmann-Posch. Durch sie wurde mir klar, dass ich zwar trauern durfte, solange ich wollte, dass ich mich aber trotzdem nicht auf Dauer in meiner Trauer-Festung verschanzen durfte:

> *Nach einem solchen Tiefschlag fürchten Eltern, dass sie nun vogelfrei für das Schicksal geworden sind, dass jeder Tag und jede Stunde ein neues Unglück bringen kann. Es ist gut, wenn Sie sich in Ihrer Verletzbarkeit zunächst von allem fernhalten, was Sie noch mehr verwunden könnte. Ihre Festung darf jedoch nur eine Übergangseinrichtung sein. Wenn das Festungsdenken zur Lebensphilosophie gerät, zur »splendid isolation«*

auf einer Insel der Trauer, dann wird Ihr Leben zum Museum des Todes.

Das Buch wirkte auf mich wie ein Sog. Ich unterstrich in den für mich wichtigen Absätzen sorgfältig Zeile für Zeile:

Trauer ist einsam. Trauer lässt sich nicht umgehen und nicht beschleunigen. Sie folgt den Gesetzen der Seele, einem Flusslauf, der in jedem Menschen anders vorgezeichnet ist. Die Trauer kommt und geht, wann sie es für richtig hält.

Die Kur näherte sich ihrem Ende. Diese drei Wochen waren durchzogen von Natur, Stille, dem bergenden Gefühl der Alpen um mich herum. Und das größte Geschenk waren zwei neue Freundschaften. Wir drei Frauen tauschten vor dem Abschied unsere Kontaktdaten aus und freuten uns schon auf ein Wiedersehen in Berlin.

Als Tibor nach den drei Kurwochen kam, war die Freude über das langersehnte Wiedersehen groß. Ich bezog mit ihm eine gemütliche Ferienwohnung, und wir lasen zusammen in den Büchern über Trauer und Verlust. Manchmal las ich Tibor vor, was ich unterstrichen hatte:

Es gibt keine Schleichwege durch die Trauer. Immer wieder erzählen Mütter, dass sie sich bewusst schmerzhaften, erinnerungsträchtigen Situationen aussetzen, um zu prüfen, wie weit sie auf ihrem Weg schon gekommen sind. Vielen Müttern erscheint die Trauer um ein verlorenes Kind wie ein verschlingender Tunnel ohne Ende, dessen Ausgang sie nie erreichen werden. Es gibt kein Ziel auf dem Trauerpfad. Doch der Weg wird mit der Zeit weniger steil, freundlicher.

Weihnachten saßen wir einfach aus, zum ersten Mal in meinem Leben ohne Feier, ohne Baum, ohne Festmahl. Wir sagten uns, dass Weihnachten nur ein Datum sei, nichts weiter – das half uns dabei, über die Runden zu kommen. Wir blieben sogar länger als geplant in Oberstdorf und verbrachten noch einen zweisamen Silvesterabend im Allgäu. Am Neujahrstag 2012 traten wir gut ausgeruht die Reise nach Berlin an, auf den Tag genau ein Jahr nachdem wir aus den USA nach Berlin geflogen waren, um dort ein neues Leben zu beginnen. Nun begann zwar wieder ein neues Jahr, doch die »Zwölf« statt der »Elf« hatte so gar keine Bedeutung mehr für uns. Egal, welches Jahr es war – wir waren nun zu dritt, wir fühlten uns komplett, wenn auch einsam. Manche Sterneneltern hatten dem Jahreswechsel entgegengefiebert, so, als ob sie dieses schreckliche 2011 endlich hinter sich lassen könnten. Wir fühlten zu keinem Zeitpunkt so, war 2011 doch bis dato nicht nur das traurigste, sondern auch das schönste, reichste, erfüllteste Jahr in unser beider Leben gewesen.

Trauerarbeit und ein Buch

Zurück in Berlin, war ich ein bisschen sortierter im Kopf und in der Seele als bei meiner Abfahrt: Eigentlich sollte ich neben einem Säugling sitzen, dachte ich, stillen, wickeln und Schlaflieder singen, aber das hatte nicht sein sollen. »Nicht die Zeit heilt alle Wunden«, hatte ich im Forum der Sternenmamas gelesen, »sondern Gott braucht Zeit, um die Wunden zu heilen.« Diese Zeit wollte ich mir nun auch nehmen. Meinen ursprünglichen Plan, mich wieder um eine Einkaufsleiterstelle zu bewerben, wenn ich wieder halbwegs auf den Beinen wäre, hatte ich fallengelassen: Alles in mir sträubte sich dagegen, und ich hatte weder Lust noch Kraft, gegen meine innere Stimme anzukämpfen. Mir kam diese Art der Tätigkeit einfach zu leblos vor. Ich war nicht durch so tiefe Täler gegangen, um danach einfach weiterzumachen, als ob nichts gewesen wäre. Ich hatte einen Burnout gehabt, eine rückblickend heilsame, wenn auch zum damaligen Zeitpunkt beängstigende Erfahrung. Ich hatte meine Lehren daraus gezogen, viele meiner Ansichten hatten sich um hundertachtzig Grad gedreht. Die Verlockung, einfach wieder einzusteigen, war zwar groß, weil alles so einfach schien: Von einem Headhunter hatte ich kurz nach unserer Rückkehr nach Berlin eine Einkaufsleiterstelle angeboten bekommen – Dienstauto, Handy, toller Titel, sechsstelliges Jahresgehalt, und schon würde es wieder losgehen. Ich blieb aber standhaft. Ich wusste, es war nicht mehr das, was für mich im Leben wichtig ist, obwohl es ein sehr attraktives Angebot war. Es war schwierig für mich, mit mir allein zu sein, war ich doch immer ein Macher, hatte ich doch immer das Gefühl gehabt, etwas leisten zu müssen, um anerkannt zu sein. Aber so ist das nicht, ich war dabei, das zu begreifen. Zu mir zu finden. Mich nicht mehr über Titel, Gehalt oder eigenes Büro zu definieren.

Uns fehlt es an nichts: Mit einem Gehalt, hundert Quadratmetern Wohnung und zwei Autos weniger als in den USA führen wir heute ein glücklicheres Leben als damals. Bei einer Arbeit wie meiner alten fehlte mir einfach das Sinnstiftende, der Ewigkeitswert. Klingt das vermessen? Ich habe dem Tod ins Auge gesehen, ich habe am Abgrund gestanden. Ich habe das Ende gespürt. Von jenem Zeitpunkt an wollte ich mit allen Sinnen leben, mit aller Intensität, und mit einem Anspruch: Meine Zeit hier auf Erden für das Richtige zu verwenden, egal, was Gesellschaft, Verwandte oder Freunde davon halten. Egal, ob es, wie der Headhunter sagte, schädlich für meinen Lebenslauf sei, diese Stelle abzulehnen. Wenn ich eines gelernt hatte durch den Burnout und Julius, dann war es das: Ich wollte ganz bei mir sein, ganz ich selbst sein. Mich nicht mehr verbiegen oder den Ansprüchen anderer gerecht werden.

Untätig wollte ich trotzdem nicht sein. Also bewarb ich mich beim SkF für eine Familienpatenschaft, in der man sich einige Stunden pro Woche ehrenamtlich um eine Familie kümmert, die dankbar für Unterstützung ist. Ich hatte wohl mein »Januarhoch«, als ich die Bewerbung ausfüllte. Im Februar war die erste Schulung. Kurz nach Beginn merkte ich, dass ich noch lange nicht so weit war: Eine Frau brauchte nur einmal das Wort »Baby« zu sagen, und mir wurde heiß und kalt, weil mich eine weitere dunkle Welle erfasste und mir die Tränen in die Augen trieb. In der Pause sprach ich mit der Leiterin und entschuldigte mich für den Rest der Schulung mit der Anmerkung, dass es mir nicht gutgehe.

Endlich daheim angekommen, merkte ich, dass ich mir zu früh zu viel zugemutet hatte. Ich schrieb eine E-Mail an den Verein, um meine Bewerbung zurückzuziehen, und erwähnte, dass ich mir diese Aufgabe zu früh zugetraut hatte. Sie zeigten sofort Verständnis und schrieben, dass sie sich ohnehin gewundert hatten, dass ich nur fünf Monate nach der Beerdigung schon wieder mit so etwas Intensivem anfangen wollte – und siehe da, wieder einmal hatte ich mir etwas auferlegt, was niemand von mir verlangt hatte!

Solche Erlebnisse machten es mir nicht leichter. Das waren Tage, an denen ich abends nur dachte, dass ich wieder einen Tag hinter mich gebracht hatte, dass ich wieder einen Tag näher an der Ewigkeit dran war. Einen Tag näher an dem Tag, an dem ich meinen Sohn wiedersehen würde.

Dann kam Tibors Geburtstag, und er fand auf dem Frühstückstisch nicht nur eine Karte von mir, sondern auch eine von Julius: »Du bist der beste Papa …« Natürlich saßen wir weinend am Frühstückstisch bei der Bescherung, aber anders ging es nicht. Anders kann es für uns nicht gehen. Wir weinten – aber wir waren glücklich dabei, weil wir wussten, dass wir unseren Sohn niemals vergessen würden, dass wir für uns alles richtig gemacht hatten, dass Julius das beste Erdenleben gehabt hatte, das wir ihm hatten bieten können.

Die Hilfe, die ich anderen Frauen geben kann, konzentrierte ich fortan auf das Naheliegende, das Kleine: Wenn ich zum Beispiel auf dem Friedhof war und eine Mutter vor einem neu aufgeschütteten Grab weinen sah, ging ich hin und sprach sie vorsichtig an: »Mein Name ist Constanze, mein Sohn heißt Julius, du kannst mich immer anrufen, wenn du willst …«

Ich weiß aus eigener Erfahrung, dass man in so einer Situation mit niemandem sprechen kann außer mit jemandem, der in derselben Lage ist. Ich weiß, dass dich dann keiner verstehen kann außer den anderen Mitgliedern des traurigsten Clubs der Welt.

Ich bin schon seit September 2011 in einem US-amerikanischen Online-Forum für Sterneneltern aktiv, wo man sich oft mit den Worten »Ich wünschte, wir hätten uns nie kennengelernt« begrüßt. Das Schöne dort ist, dass sich keiner einen Ratschlag anmaßt. Im Internet erzählen die Menschen einfach, wie sie diese ätzenden Tage überstanden, die ersten Wochen, Monate, Jahre … Ratschläge kommen immer nur von den Menschen, die so etwas noch nie erlebt haben. Das passiert mir heute noch, dass ich von solchen Leuten gute Tipps bekomme, und es macht mich ehrlich gesagt immer noch rasend wütend, genauso wie standardisierte Zusprüche in der Art von »Er hat es doch gut im Himmel« oder »Du kannst nichts dafür, das war einfach eine Laune der Natur.« Auf solche Einwände reagiere ich meist weniger freundlich: »Glaubst du etwa, dass Julius es bei uns auf Erden nicht gut gehabt hätte?!« – »Julius ist keine Laune, sondern ein Mensch, und er ist auch nicht zufällig da gewesen, sondern weil es Gottes Entscheidung war.«

So trennte Julius für uns auch die Spreu vom Weizen, was unseren Freundeskreis angeht: Manche Freunde, die wir letztes Jahr hatten, sind noch da, viele andere nicht mehr. Vor drei Jahren haben wir hundert Weihnachtskarten geschrieben, jetzt schreiben wir noch dreißig. Durch Julius haben wir aussortiert.

Besser geht es mit all diesen Verlust-, Sternenkinder- und Julius-Gesprächen am Computer: Hier kann zwar niemand reden, aber jeder kann sich alles von der Seele schreiben. In dem amerikanischen Forum geht es oft um einfache Dinge, um Fragen wie: »Ich weiß nicht, was ich tragen soll beim Begräbnis meines Kindes?« Da schreiben dann zwanzig Leute dieses und jenes, weil sie selbst hinter einem Kindersarg gegangen sind. Aber keiner wollte schwarze Kleidung, keine wollte hässliche Kränze …

Nachts, wenn ich nicht schlafen kann, stehe ich manchmal auf, schleiche hinüber ins Wohnzimmer und gehe zu meinen »MISSters« – da das Forum »MISS« heißt, nennen sich die Sternenmamas untereinander nicht »sisters« sondern »MISSters«. Dank der Zeitverschiebung ist es dort dann erst Abend – wie angenehm für mich, auch noch um drei Uhr in der Nacht mit jemandem kommunizieren zu können, dem ich mich nicht erklären muss! Außerdem sind die US-Amerikaner gesellschaftlich weiter im offenen Umgang mit verstorbenen Kindern, im Aufzeigen der Option »Austragen von nicht lebensfähigen Kindern«.

Ich selbst wäre nie auf die Idee gekommen, unsere Geschichte so öffentlich zu machen, wie es hier in diesem Buch geschieht. Der Filmemacher, den wir im August 2011 kennengelernt hatten, hatte einem guten Freund von ihm unsere Geschichte erzählt. Und dann kam eins zum anderen. Dieser Freund war Ghostwriter, jemand, der im Hintergrund zusammen mit dem eigentlichen Autor die Geschichte niederschreibt. So trafen wir damals im Oktober Lukas Lessing, und nach einem gemeinsamen Abendessen machte er den Vorschlag, ein Exposé über unsere Geschichte zu erstellen, um es Verlagen vorzustellen. Tibor und ich hatten mit Lukas ein gutes Gefühl. Jemandem unsere Geschichte so im Detail zu erzählen, fühlte sich für uns so an, als würden wir ihm Julius anvertrauen. Noch während wir im Allgäu waren, erfuhren wir von Lukas, dass es eine sehr positive Resonanz mehrerer Verlage auf unser Exposé gegeben hatte. Wir waren überrascht. Aber Tibor und ich hatten uns gesagt, dass wir den Dingen ihren Lauf lassen würden. Wenn es so sein sollte, würde es ein Buch geben. Wenn nicht, wäre es auch in Ordnung.

Das Schreiben war für mich selbst eine schmerzhafte, aber heilsame Therapie – alles noch einmal durchzugehen, genau zu überdenken, mich Schritt für Schritt zu erinnern, die alten Aufzeichnungen zu durchforsten. Das kostete mich viele Tage und Nächte, viele Tränen und dunkle Stunden, aber es half mir auch, zu verarbeiten, abzulegen in ein Stück gebundenes Papier. Um alles präsent zu haben, besuchte ich noch einmal das Krankenhaus, in dem Julius zur Welt kam, und traf dort die Ärzte, mit denen ich neun Monate zuvor so viel zu tun gehabt hatte. Der Chefarzt der Gynäkologie erinnerte sich sofort an mich, weil ihn der Fall Julius sehr bewegt hatte – immerhin entschieden sich doch die meisten Frauen in meiner Situation für eine Abtreibung, wie er mir mitteilte – ein Eingriff, der in dem katholischen Krankenhaus freilich nur dann vorgenommen wird, wenn unmittelbare Lebensgefahr für die Mutter besteht. »Wir unterstützen hier Paare, die auch eine kurze Lebensphase der Kinder erleben wollen«, sagte Dr. Abou-Dakn, »und ich bin sehr froh darüber. Früher arbeitete ich an einem städtischen Krankenhaus, wo ich viele Abtreibungen durchführen musste, wobei es mir aber nicht gutging …«

Die Chefärztin der Kinderklinik, Dr. Beatrix Schmidt, erzählte aus ihrer Praxis, dass sie in ihren siebenundzwanzig Dienstjahren erst drei Kinder mit einer Erkrankung wie bei Julius gesehen hatte: Ein Kind war mit dieser Diagnose geboren worden, ohne dass es vorher bekannt war – es starb im Inkubator. In einem anderen Fall wurde die Schwangerschaft beendet, und das dritte Baby verstarb nach einer Operation. »Im St. Joseph Krankenhaus werden pro Jahr ungefähr zwei bis drei Neugeborene mit letalen Fehlbildungen geboren und deren Familien begleitet«, sagte Dr. Schmidt. »Viele Paare entscheiden sich aber für eine Beendigung der Schwangerschaft – die sehen wir hier nicht. Paare und Mütter, die sich in einer solchen Notlage für unser Haus entscheiden, haben dies sehr gut überlegt und sich von vielen Menschen beraten lassen. Alles hängt vom Einzelfall ab«, fügte sie hinzu, »für manche Mütter ist es besser, das Kind kommt auf natürlichem Wege zur Welt, und für manche ist es besser, wenn sie einen anderen Weg wählen.«

Ich mochte die eher resolute Ärztin, denn sie wirkte ehrlich und authentisch: »Früher war klar, dass von den vielen Kindern, die eine Frau bekam, auch welche versterben. Heute ist jedes Kind etwas ganz Besonderes und häufig lange geplant. Mit 1,4 Kindern pro Frau gehört Deutschland zu den sehr geburtenarmen Ländern. Die frühere Normalität vieler Schwangerschaften und vieler Kinder ist verlorengegangen – gerade Kindern ist es nicht erlaubt, zu sterben. Der Tod eines Kindes ist für alle, auch für die behandelnden Mediziner, immer schrecklich. Der Tod eines Kindes kann keine Routine werden, und das Entsetzen darüber ist immer da.«

Genauso hatte ich die Reaktion der Ärztin damals mir gegenüber auch aufgenommen – als Abweichung von der Routine und als heftige Bewegtheit, trotz aller abgeklärter medizinischer Gewissheit und Professionalität.

Ich besuchte auch noch einmal unsere Therapeutin, Frau Fricke – und die Praxis für Pränataldiagnostik, um dort mit den Ärzten zu sprechen, die mich behandelt hatten, Professor Chaoui und Frau Dr. Sarut López. Das war für mich der mit Abstand schwerste all dieser Recherchetermine, ihn konnte ich nur zusammen mit Tibor in Angriff nehmen. Beiden war uns hundeelend den ganzen Tag, an dem wir gegen Abend, nach der letzten Patientin, mit den beiden Ärzten in ihrer Praxis verabredet waren.

Seit der Diagnose hatte ich es immer vermieden, überhaupt nur in die Nähe der Friedrichstraße zu kommen, aus Angst, dort zusammenzubrechen, überwältigt von den bösen Erinnerungen. Doch für diesen Termin war das nicht zu vermeiden. Noch mehr: Ich wollte mich diesem einzigen dunklen Fleck in meiner Julius-Reise endlich stellen. Tatsächlich hatte ich weiche Knie, als wir aus der S-Bahn stiegen, und tatsächlich musste ich all meine Tränen entladen, sobald mich Professor Chaoui in den Ultraschallraum führte, weil ich den noch einmal sehen wollte – doch das waren heilsame Tränen. Ich hatte das Gefühl, als wollte meine Seele in diesem Moment etwas reinigen, als wollte sie den Raum, die Straße, den Tag erlösen.

So stellte ich mich bewusst in den Raum, meine Hand in der Tibors, und sah bewusst jedes Detail an: Die Behandlungsliege, den Tisch, die Stühle, den Flatscreen, das Ultraschallgerät, in aller Ruhe. Das ist der Abschluss, dachte ich in jenen Momenten, die Erlösung, die Absolution. Bis dahin war dieser Raum ein Stück Schwärze gewesen in meinen Julius-Erinnerungen. Alles andere war längst bunt und schön, auch wenn es traurige Erinnerungen waren, nur an diesen Tag der Diagnose hatte ich bis dahin nicht herangewollt, weil er so weh tat. Ich wusste nur, dieser Tag ist da, wie ein Haufen Staub unter dem Bett, das letzte Stück Dunkelheit, und an diesem Tag hole ich das von dort unten hervor.

Jetzt sehe ich nur mehr Licht in der Verbindung mit Julius. Jetzt kann ich wieder über die Friedrichstraße gehen, jederzeit, ich kann wieder vis-à-vis zu Dussmann hinein und in Büchern schmökern. Ich kann wieder ins Vapiano nebenan gehen und dort Pizza essen – und wir werden, wenn es so weit ist, wohl auch mit unserem nächsten Kind wieder zu Professor Chaoui gehen, um mich untersuchen zu lassen.

Am meisten freute mich, dass unser Treffen auch für ihn eine Bereicherung war, weil er seine Patientinnen sonst selten wiedersieht, vor allem, wenn er ihnen so schreckliche Diagnosen mitteilen musste. Er erzählte uns auch, nicht damit gerechnet zu haben, dass wir uns für das Austragen entscheiden würden – eine seltene Wahl, wie er versicherte, die er bei dieser Schwere der zu erwartenden Behinderung eines Kindes noch nie erlebt hatte in seiner langjährigen Praxis. Wir sprachen auch über die Einstellung der Öffentlichkeit zu seiner Arbeit, die oft negativ sei. »Viele denken, ich hätte den Auftrag, die Menschheit einzuteilen in Tod und Leben«, erzählte er, »aber so ist das nicht für mich. Ich verstehe mich als Dienstleister, ich zeige nur, was ist. Ich biete Entscheidungsgrundlagen, das ist alles.« Professor Chaoui erzählte mir auch noch über die erschreckend hohe Zahl von Abtreibungen in Deutschland – auf nicht einmal 700 000 Geburten kamen zuletzt mehr als 110 000 Abtreibungen, das sind 16 von 100 Kindern. Lediglich tausend dieser Abbrüche werden vorgenommen, weil eine Behinderung des Kindes zu erwarten ist – »Aber warum hacken alle gerade auf diesen Müttern herum?«, fragte der Professor in unsere kleine Runde, »warum hilft niemand den 109 000 anderen, die ein kerngesundes Kind erwarten?« – So hatte ich die Sache freilich noch nie gesehen, musste ihm aber bis zu einem gewissen Grad recht geben. Sicherlich ist es etwas anderes, ein gesundes Kind abzutreiben, weil das im Moment nicht in die Lebensplanung passt, als ein krankes Kind, das vielleicht sein Leben lang an einen Rollstuhl gefesselt ist oder mit unsäglichen Schmerzen zu rechnen hat. Für mich steckt zwar in jedem Leben Hoffnung, für mich fängt das Leben zwar schon mit dem Beginn der Schwangerschaft an und endet nicht mit dem Tod, doch ich würde niemals wagen, den Stab über einer Frau zu brechen, die abgetrieben hat, aus welchen Gründen auch immer. Jeder muss wissen, was für ihn das Beste ist und was er vor seinem Gewissen vertreten kann.

Nach diesem heilsamen Ausflug in die Friedrichstraße konzentrierte ich mich wieder auf meinen Alltag, auf mich selbst. Sogar in meinem Glauben kehrte nach und nach wieder Friede ein. Ein neuer Friede. Eine tiefe Beziehung zu Gott, die ich vorher so nie gekannt hatte. Ich weiß wieder, dass wir nie tiefer fallen als in Gottes Hand, auch wenn der Fall von der Diagnose bis zum Begräbnis tief war, sehr tief. Wie oft hatte ich gedacht, wo bleibt denn diese Hand?! Heute weiß ich, dass sie die ganze Zeit da war, und ich entschuldigte mich im Gebet bei Gott für mein Hadern und meine Hartherzigkeit, und es war gut. Ich konnte auch wieder in meinem Tagebuch schreiben:

23. 2. 2012
Sechs Monate nach Julius' Geburtstag. Ich habe diesen Tag mit Heulen begonnen, ich werde ihn mit Heulen beenden, aber ich weiß, ich habe mir nichts vorzuwerfen. Ich habe alles getan. Ich würde alles genauso wieder machen, wenn es noch mal kommt. Ich bin fertig, ich fühle mich erschöpft, aber ich habe Frieden.

Langsam normalisierte sich mein Ausnahmezustand, in dem ich seit fast einem Jahr gelebt hatte, und Tibor ging es ähnlich – wir kamen an in Berlin, wir schlugen langsam Wurzeln: Wir lernten neue Menschen kennen, es kam so etwas wie Routine in unser Leben. Ich hatte langsam wieder Luft zum Atmen.

Obwohl es noch eisig kalt war im Winter – das Thermometer schien lange bei minus fünfzehn Grad eingefroren zu sein – ging ich trotzdem alle zwei Tagen joggen. Noch im Herbst des letzten Jahres hatte ich von einem Halbmarathon geträumt. Das erzählte ich bei der Nachsorgeuntersuchung damals im Oktober dem Arzt, der mich lächelnd ansah und knapp antwortete: »Dann fangen Sie mal an zu trainieren.«

Das tat ich auch, erst insgeheim, um Tibor nicht zu beunruhigen und auch, um nichts absagen zu müssen, falls es nicht klappen sollte. Heimlich stellte ich einen Trainingsplan auf, heimlich schlich ich mich aus der Wohnung, um sonntags, wenn er noch schlief, meine langen Vorbereitungsläufe zu absolvieren – und wenn er meinte, ich sei lange weggeblieben, murmelte ich, dass ich eben langsam gemacht und auch noch eine Runde mehr gedreht hätte.

Zuletzt meldete ich mich heimlich für den Berliner Halbmarathon am 1. April an. Ich wollte keine bestimmte Zeit laufen, ich wollte niemandem etwas beweisen – außer mir selbst: Dass ich es schaffen würde, im Ziel anzukommen, und zwar nicht im Bus, der die Gescheiterten aufsammelt, sondern auf meinen zwei Beinen. Und genau das schaffte ich auch: Mit schmerzenden Beinen eine Einundzwanzig-Kilometer-Runde durch Berlin zu laufen, mit Dreiundzwanzigtausend anderen Menschen, bis ins Ziel am Alex, wo mich nicht nur ein stolzer Ehemann mit der Kamera einfing, sondern ihm seine überglückliche Frau in die Arme fiel, nach zwei Stunden und dreizehn Minuten – wie ich fand, keine schlechte Zeit für jemanden, der noch wenige Wochen zuvor am Abgrund seiner Existenz gestanden hatte.

Dieser Lauf, dieses Nichtaufgeben, dieses Durchhalten – das war eines von vielen kleinen und großen Geschenken, die Tibor und ich im Laufe der Zeit und am intensivsten durch Julius bekommen hatten. Wir blicken jeden Monat am 23., am Geburtstag unseres ersten Sohnes, dankbar zurück. Und wir begannen in jenem Frühling vorsichtig, nach vorn zu schauen.

In unserem Freundeskreis gab es wieder Schwangere. Es fiel so schwer, mit ihnen fröhlich zu sein. Es war so ein Stich ins Herz, jedes Mal wieder – egal, ob ich einen fremden Bauch sah oder den einer Freundin. Und wir? Sollten wir wieder einen Versuch wagen, für ein neues Kind? Ein Geschwisterchen für Julius?

Im Abschlussgespräch mit Frau Fricke besprachen wir dieses Thema. Sie sagte uns, dass wir schon wissen würden, wann es wieder so weit sei. Genauso, wie wir gewusst hätten, dass die Entscheidung für Julius da war, genauso würden wir es wissen, wenn die Entscheidung für ein nächstes Kind bei uns angekommen sei.

Es fällt mir sehr schwer, das auszuhalten. Zu akzeptieren, dass das ein Prozess ist, nicht ein Ereignis. Dass wir warten müssen, bis es kommt, von selbst, ohne unser Zutun. Eines hat Julius uns gelehrt: dass es nicht in unserer Hand liegt. Natürlich müssen wir das Nötige tun, sollten gesund leben, uns gesund ernähren. Aber ob dann alles den normalen Weg geht, wissen wir nicht – doch das ändert nichts an unserer Entscheidung, unsere Familie zu vergrößern.

Für Tibor und mich gilt ein Grundmotto, das haben wir einander versprochen: Ab dem Moment, in dem auf dem Schwangerschaftstest der zweite Streifen erscheint, wird wieder bedingungslos geliebt. Vielleicht habe ich jetzt bloß eine große Klappe, und in acht Wochen ist alles anders, aber im Moment steht unser Motto felsenfest: bedingungslose Liebe, ganz egal, wie lange der Zwerg da ist – acht Stunden, acht Wochen oder acht Jahrzehnte.

Einst schrieb mir eine andere Sternenmama: »Ich habe erst wieder zu leben begonnen, als ich erneut schwanger war.«

Ich glaube, ich habe jetzt schon wieder zu leben begonnen. Ich merke das daran, dass Tibor und ich wieder die Zweisamkeit genießen können, die wir eine Zeitlang so gehasst hatten, weil wir nichts anderes wollten als zu dritt sein. Wir leben wieder im Heute, im Hier und Jetzt. Trotzdem fühle ich mich immer noch oft so, als säßen wir auf der Bordsteinkante und sähen zu, wie das Leben an uns vorbeizieht. Doch ich weiß genau, irgendwann kommt der Moment, in dem es uns wieder einsammeln wird – und dann gehen wir wieder auf eine Reise. Tibor und Constanze, mit Julius im Herzen und einem Geschwisterchen im Bauch.

Constanze Bohg
Berlin, im Juni 2012

Auszug aus einem Brief,
den Dietrich Bonhoeffer an
Renate und Eberhard Bethge schrieb –
aus dem Gefängnis Berlin-Tegel,
Heiligabend 1943:

Es gibt nichts, was uns die Abwesenheit eines lieben Menschen ersetzen kann, und man sollte das auch gar nicht versuchen; man muss es einfach aushalten und durchhalten. Das klingt zunächst sehr hart, aber es ist doch zugleich ein großer Trost, denn indem die Lücke wirklich unausgefüllt bleibt, bleibt man durch sie miteinander verbunden.

Es ist verkehrt, wenn man sagt, Gott füllt die Lücke aus; er füllt sie nicht aus, sondern er hält sie vielmehr gerade unausgefüllt und hilft uns dadurch, unsere echte Gemeinschaft miteinander – wenn auch unter Schmerzen – zu bewahren.

Ferner: je schöner und voller die Erinnerungen, desto schwerer die Trennung.

Aber die Dankbarkeit verwandelt die Qual der Erinnerung in eine stille Freude. Man trägt das vergangene Schöne nicht mehr wie einen Stachel, sondern wie ein kostbares Geschenk in sich.

Dank

Gott: Dir gilt mein größter Dank. Dafür, dass du Wort gehalten hast und nie von meiner Seite gewichen bist, mich in den dunkelsten Stunden getröstest und an dein Vaterherz gezogen hast. Wo wäre ich ohne dich?

Tibor: Du bist die Liebe meines Lebens und der beste Papa, den Julius sich je hätte wünschen können. Ich bin so stolz auf unsere Familie. Gemeinsam schaffen wir alles. Du und ich.

Mama und Papa: Danke, dass ihr immer für mich da seid. Danke, dass ihr euch mit uns in den Schmerz gestellt habt und dass ihr Julius als euren ersten Enkel ins Herz geschlossen habt. Das bedeutet uns unendlich viel.

Bille: Ich hab dich so lieb. Danke für all deinen Zuspruch, die ermutigenden Karten. Es braucht nicht immer viele Worte. Von Schwesterherz zu Schwesterherz.

Bastian: Großer kleiner Bruder – danke, dass du in all den dunklen Stunden von Beginn an für uns da warst. Danke, dass wir an deiner Schulter mit dir weinen durften. Danke für all die abendlichen Kniffelrunden. Und all deine Hilfe beim Umzug. Ich hab dich lieb.

Justus: Kleener – du bist so ein cooler Typ. Was wäre unsere Sippe ohne dich? Du bist uns in vielem so sehr voraus. Und du bist der beste Onkel, den Julius haben kann (zusammen mit deinem Bruder natürlich). Ich bin so froh, dass es dich gibt und dass du mein Bruder bist. Ich hab dich ganz dolle lieb. Danke für all deine Gebete.

Zrinka: Danke für dein großes Herz, liebe Schwiegermama. Danke für all deine Unterstützung. Danke, dass du deinen Enkel so geliebt hast.

Lars: Mir klingen deine Worte aus den E-Mails noch immer nach. Immer mal wieder. Sie tun so gut. Danke, dass du Julius in dein Herz geschlossen hast, auch wenn es so weh tat, weil der kleine Klopfer nur so kurz da war.

Dascha: Ich bin so froh, dass du immer Zeit hattest für Tibor, wenn er mal einfach nur reden wollte über dies und das. Danke für deine Offenheit. Danke, dass wir uns in diesem Julius-Jahr so viel mehr kennengelernt haben. Ich möchte keine andere Schwägerin haben als dich.

Opa & Heidi: Danke für die wunderschönen Zeiten in eurem Garten. Wir hören euch so gern zu, wenn ihr erzählt – und Julius hat es ganz sicher auch genossen. Danke, dass ihr an dem für uns schwersten Tag mit da wart, uns eine Stütze wart. Wir haben euch lieb.

Watson & Erika: Danke, dass ihr uns damals in eurer Küche verlobt habt. Danke, dass ihr uns all die Jahre so treue Berater wart in so vielen Fragen. Danke, dass ihr uns in all unseren Zweifeln, Abgründen und dunklen Momenten im Gebet mit getragen habt. Ihr seid zwei ganz wundervolle Menschen.

Diana: Spirit mom. I'm so grateful that our paths crossed in Leesburg. Our friendship means so much to me. Let's hope for the English version of this book. (Ich bin so dankbar, dass sich unsere Wege in Leesburg gekreuzt haben. Unsere Freundschaft bedeutet mir so viel. Hoffen wir auf die englische Version dieses Buches.)

Susel (und Familie): Hab Dank für all deine Gebete, deinen Zuspruch. Danke für die Sternenlampe und die wunderschöne Julius-Kerze. Julius wäre sicher sehr gern auf den Bauernhof mit Oskar spielen gekommen. Danke für deine Freundschaft.

Suse (und Familie): Danke dir für die mitfühlenden Gespräche und den spontanen Besuch in Berlin. Danke für die wundervollen Zeilen an Julius und für das Öl. Danke, dass du mir die Passagen mit der Spieluhr nachsiehst – woher solltest du auch um meine Aversion gegen Spieluhren wissen. Deine Wehenerklärungen haben mir in jener Nacht sehr geholfen. Danke für deine Freundschaft.

Annette: Ohne dich hätte das alles nicht so geklappt, das weiß ich. Ich muss heute noch lachen, wenn ich an unsere Dialoge denke in Gebärstube vier. Danke, dass du Tibor, Julius und mich zusammengebracht hast. So behutsam. So liebevoll. Wir freuen uns auf ein Wiedersehen, wenn die Zeit reif ist. Wir nehmen dich beim Wort.

Tanja: Bin ich froh, dich gefunden zu haben. Waren wir froh, dass du an jenem Abend da warst, mit uns durch die Trauer gegangen bist anstelle der geplanten Atemübungen. Danke, dass du so geduldig Tag um Tag für uns da warst. Danke für alles. Bis bald.

Frau Fricke: Danke, dass Sie uns mit Rat und Tat stets objektiv und sachlich zur Seite standen. Danke, dass Sie uns dabei unterstützt haben, zu einer gereiften Entscheidung zu kommen. Wir hoffen, dass Sie noch vielen anderen Eltern so helfen können wie uns.

Prof. Dr. Chaoui und Dr. Sarut López: Danke, dass Sie uns so professionell betreut haben. Danke für Ihre Zeit und Ihre Bereitschaft, am Buch mitzuwirken. Wir sind froh, dass wir mit unserem Julius bei Ihnen gelandet sind. Wir kommen wieder – wie besprochen.

Dr. Abou-Dakn und Dr. Schmidt: Danke, dass Sie und Ihre Teams diesen schweren Weg so einfühlsam mit uns gegangen sind. Wir sind tief beeindruckt von so viel Menschlichkeit in einem Krankenhausbetrieb. Sie sind ganz besondere Ärzte. Für uns auf jeden Fall. Danke, dass Sie Julius als Mensch gesehen haben, der er war, nicht als Defekt. Das St. Joseph Krankenhaus wird auch für alle hoffentlich noch kommenden Bohgs erste Wahl sein.

Dr. Miehlke: Auch wenn Sie schon den wohlverdienten Ruhestand angetreten haben: Sie sind die beste Gynäkologin, der wir begegnen konnten. Wir sind dankbar für Ihre liebevolle Betreuung, für geteiltes Leid und für die Möglichkeit und den Freiraum, ohne Druck zu einer eigenen Entscheidung kommen zu können. Danke, dass Sie das mit uns ausgehalten haben. Auch Ihrem Team und Ihrer Nachfolgerin danken wir von Herzen für alles.

An all die nicht namentlich genannten Freunde und Verwandten: Wir danken euch nicht weniger. Danke für eure E-Mails, Anrufe und Karten. Danke für jede mit uns geweinte Träne, jedes Gebet, jeden guten Wunsch. Danke, dass ihr uns so kreativ – jeder auf seine Art und Weise – geholfen habt, bis heute durch die Wochen und Monate zu kommen. Wir schätzen eure Unterstützung und euren Beistand sehr und brauchen beides auch weiterhin.

Jürgen Bolz und das Pattloch-Team: Ich bin dankbar, dass wir in Ihnen einen Lektor und mit Pattloch einen Verlag gefunden haben, der es versteht, ein so sensibles Thema auf die richtige Art und Weise darzustellen. Danke für all Ihre Unterstützung und Ihren Mut.

Last, aber absolut nicht least: Georg und Lukas.

Georg: Danke, dass du die Verbindung zu Lukas hergestellt hast. Ohne dich gäbe es dieses Buch nicht. Danke, dass du unsere Julius-Geschichte so einfühlsam porträtiert hast.

Lukas: Was soll ich sagen? Wer hätte das je gedacht? Danke, dass du dieses Buch mit mir geschrieben hast. Danke, dass du den richtigen Verlag von unserer Geschichte überzeugt hast. Wie kein anderer hast du Einblick in unsere Familie bekommen. Wie kein anderer hast du es verstanden, behutsam mit uns dreien umzugehen. Danke, dass du es dir und uns zugetraut hast, dieses existenzielle Thema zu Papier zu bringen.